Paso a paso

REPOSTERÍA Y PANADERÍA

LAS MEJORES RECETAS CASERAS

This edition published by Parragon Books Ltd in 2014 and distributed by

Parragon Inc.
440 Park Avenue South, 13th Floor
New York, NY 10016, USA
www.parragon.com/lovefood

LOVE FOOD is an imprint of Parragon Books Ltd

Copyright © Parragon Books Ltd 2012-2014

LOVE FOOD and the accompanying heart device is a registered trademark of Parragon Books Ltd in the USA, the UK, Australia, India, and the EU.

Todos los derechos reservados. Ninguna parte de esta obra se puede reproducir, almacenar o transmitir de forma o por medio alguno, sea este electrónico, mecánico, por fotocopia, grabación o cualquier otro, sin la previa autorización escrita de los titulares de los derechos.

ISBN: 978-1-4723-5056-5

Impreso en China/Printed in China

Texto adicional: Angela Drake
Fotografía de la cubierta: Ian Garlick
Nuevas fotografías: Clive Streeter
Estilismo gastronómico adicional: Angela Drake y Sally Streeter
Análisis nutricional: Fiona Hunter

Traducción: Carme Franch para Delivering iBooks & Design
Redacción y maquetación: Delivering iBooks & Design, Barcelona

Notas:
En este libro las medidas se dan en el sistema métrico e imperial. Para términos que difieren según la región, hemos añadido variantes en la lista de ingredientes. Se considera que 1 cucharadita equivale a 5 ml y 1 cucharada, a 15 ml. Si no se da otra indicación, la leche será siempre entera, los huevos y las verduras u hortalizas, como las patatas, de tamaño medio, y la pimienta, negra y recién molida. Asimismo, si no se indica lo contrario, lave y pele los tubérculos antes de añadirlos a las recetas.

Las guarniciones, los adornos y las sugerencias de presentación son opcionales y no se incluyen necesariamente en la lista de ingredientes o el modo de preparación de la receta. Los ingredientes opcionales y los aderezos a su gusto no se incluyen en el análisis nutricional. Los tiempos indicados son orientativos. Los tiempos de preparación pueden variar de una persona a otra según su técnica culinaria; asimismo, también pueden variar los tiempos de cocción. Los ingredientes opcionales, las variaciones y las sugerencias de presentación no se han incluido en los cálculos.

Los vegetarianos deben tener en cuenta que algunos de los productos preparados que se utilizan en estas recetas pueden contener ingredientes de origen animal. Se recomienda leer con atención la lista de ingredientes de dichos productos.

Exención de responsabilidades:
Aunque el autor ha hecho todo lo posible por garantizar que la información que aparece en este libro sea precisa y esté actualizada en el momento de su publicación, el lector debe tener en cuenta los siguientes puntos:

Los conocimientos médicos y farmacéuticos están en constante evolución, y ni el autor ni el editor pueden garantizar que el contenido del libro sea preciso o apropiado.
En cualquier caso, este libro no pretende ser, ni el lector debería considerarlo, algo que pueda sustituir al consejo médico antes de hacer un cambio drástico en la dieta.
Exención de responsabilidades por alergias alimentarias: ni el autor ni el editor asumen ninguna responsabilidad en caso de producirse reacciones adversas a las recetas que contiene el libro.
La información que aparece en el libro no ha sido evaluada por la U.S. Food and Drug Administration (Administración de Alimentos y Medicamentos de Estados Unidos). Este libro no pretende tratar, curar o prevenir ninguna enfermedad.
Por esas razones, y en el marco de la legalidad vigente, el autor y el editor: (i) declinan cualquier responsabilidad legal en relación con la precisión o la adecuación del contenido de este libro, incluso cuando se expresa como «consejo» u otras palabras de significado semejante; y (ii) se eximen de cualquier responsabilidad ante posibles percances, daños o riesgos debidos, como consecuencia directa o indirecta, al uso o aplicación de los contenidos de este libro.

Índice

Introducción 4

Pasteles 6

Magdalenas y cupcakes 36

Galletas, pastelillos y barritas 66

Tartas y panes 96

Índice analítico 126

Introducción

Un pastel hecho en casa es algo muy especial. Aunque no tenga las proporciones perfectas del de la pastelería, casi seguro que estará mucho más rico, y además así no hay dudas sobre los ingredientes que lleva. La repostería y la panadería caseras están de moda.

Este libro es ideal para los cocineros noveles que deseen aprender nociones básicas de repostería y panadería, pero también para los expertos que quieran ampliar su repertorio con ideas nuevas y originales. Aquí encontrará desde cupcakes, magdalenas y galletas, hasta pasteles, tartas, panes y postres tradicionales. Algunas recetas se preparan en unos minutos, mientras que otras requieren algo más de habilidad y paciencia.

Merece la pena comprar utensilios buenos, porque duran más. Si suele hacer magdalenas, compre un molde múltiple de buena calidad. Si solo prepara tartas de vez en cuando, quizá le salga más a cuenta pedir prestados los moldes a un amigo. Sea cual sea la receta que haga, cuanto mejor sea la calidad de los ingredientes, mejores resultados obtendrá.

Todas se explican con sencillas instrucciones paso a paso, ilustradas con fotografías para que le resulte aún más cómodo seguirlas. Además, el libro ofrece sugerencias y consejos prácticos, desde cómo congelar hasta cómo ahorrar tiempo o preparar la variación de una receta.

Secretos de la repostería y la panadería caseras

- Acondicione la cocina antes de empezar: despeje la encimera y asegúrese de dejar espacio suficiente para trabajar.

- Prepare todos los ingredientes necesarios; no hay nada peor que tener que salir corriendo a buscar algo en el momento clave.

- Compruebe que el molde sea del tamaño adecuado y engráselo y/o fórrelo con papel vegetal.

- Precaliente el horno a la temperatura indicada y saque los huevos del frigorífico una hora antes de empezar. Si en la receta se pide mantequilla ablandada, déjala alrededor de una hora a temperatura ambiente.

- Si va a hacer pan, encienda el horno con bastante antelación; el calor de la cocina ayudará a leudar la masa.

No hay nada mejor que agasajar a familiares y amigos con recetas caseras recién salidas del horno.

- Al hacer una masa, procure que sus manos y utensilios estén lo más fríos posible, para evitar que la grasa se derrita y la masa quede pegajosa.

- Pese todos los ingredientes y dosifique la levadura, el bicarbonato y los aromas con cucharas medidoras.

- Evite la tentación de abrir el horno demasiado pronto, ya que la entrada de aire frío podría hacer que la masa del bizcocho se bajara.

- Para comprobar que un pastel esté hecho, presiónelo con suavidad con la punta de los dedos. Al levantarlos, debería recuperar la forma sin dejar ninguna marca. Si se tratara de un bizcocho muy alto o un pastel de fruta, clave una brocheta en el centro; si sale limpia, significa que están listos.

- Para saber si un pan está hecho, sujételo con un paño grueso y dele unos golpecitos en la base con los nudillos; debería sonar a hueco.

- Deje enfriar del todo los panes y otros horneados antes de guardarlos en recipientes herméticos de plástico.

Introducción 5

Pastel de chocolate clásico 8

Pastel de terciopelo con crema de queso 10

Pastel de café y nueces 12

Pastel de fruta seca 14

Pastel de calabaza especiado 16

Pastel de coco 18

Pastel de frutos rojos 20

Pastel de fresas con nata 22

Pastel de chocolate blanco al café 24

Corona de café 26

Bizcocho ligero con frutos rojos 28

Pastelitos de zanahoria 30

Pastel crujiente de manzana 32

Corona de pacanas y jarabe de arce 34

Pasteles

Pastel de chocolate clásico

10 RACIONES | PREPARACIÓN: 25 minutos, más refrigeración | TIEMPO DE COCCIÓN: 25-30 minutos

información nutricional por ración: 581 kcal, 41 g grasas, 25 g grasas sat., 32 g azúcares, 0,7 g sal

Para darse un capricho, nada como una porción de este jugoso pastel de chocolate recubierto de un glaseado irresistiblemente cremoso.

INGREDIENTES

200 g/1¾ barras de mantequilla con sal ablandada, y un poco más para engrasar
55 g/⅔ de taza de cacao en polvo
7 cucharadas/½ taza de agua hirviendo
125 g/⅔ de taza de azúcar
70 g/⅓ de taza de azúcar moreno
4 huevos batidos
1 cucharadita de esencia de vainilla
200 g/1⅔ tazas de harina
2¼ cucharaditas de levadura en polvo

cobertura

200 g/7 oz de chocolate negro troceado
115 g/1 barra de mantequilla sin sal
100 ml/½ taza de nata (crema) extragrasa

1. Precaliente el horno a 180 °C (350 °F). Unte con mantequilla dos moldes para tarta de 20 cm (8 in) de diámetro y fórrelos con papel vegetal.

2. En un cuenco, diluya el cacao en el agua hasta obtener una pasta, y resérvela. En un bol grande, bata la mantequilla con los dos tipos de azúcar hasta obtener una crema blanquecina. Sin dejar de batir, incorpore el huevo y después la pasta de cacao y la vainilla.

3. Tamice por encima la harina y la levadura, e incorpórelas con suavidad. Reparta la pasta entre los moldes. Cueza las bases de bizcocho en el horno precalentado de 25 a 30 minutos, o hasta que suban y empiecen a notarse esponjosas al tacto. Déjelas reposar 5 minutos y desmóldelas en una rejilla metálica para que se enfríen del todo.

4. Para preparar la cobertura, caliente el chocolate con la mantequilla en un bol refractario encajado en la boca de un cazo con agua hirviendo a fuego lento, sin que llegue a tocarla, hasta que se derrita. Apártelo del fuego e incorpore la nata. Deje reposar la cobertura 20 minutos y después déjela en la nevera de 40 a 50 minutos, removiéndola de vez en cuando, hasta que adquiera una textura untuosa.

5. Junte las dos bases de bizcocho con un tercio de la cobertura y extienda el resto por todo el pastel.

Pastel de terciopelo con crema de queso

 12 RACIONES   PREPARACIÓN: 25 minutos, más enfriado   TIEMPO DE COCCIÓN: 25-30 minutos

información nutricional por ración	510 kcal, 32 g grasas, 20 g grasas sat., 28 g azúcares, 0,5 g sal

Este bizcocho de chocolate enriquecido con suero de mantequilla y teñido con colorante rojo y recubierto de una crema de queso a la vainilla es muy popular en Estados Unidos.

INGREDIENTES

225 g/2 barras de mantequilla sin sal, y un poco más para engrasar
4 cucharadas/¼ de taza de agua
55 g/⅔ de taza de cacao en polvo
3 huevos
250 ml/1 taza de suero de mantequilla
2 cucharaditas de esencia de vainilla
2 cucharadas de colorante alimentario rojo
280 g/2¼ tazas de harina
55 g/½ taza de maicena
1½ cucharaditas de levadura en polvo
280 g/1⅓ tazas de azúcar

cobertura
250 g/1 taza de queso cremoso
40 g/3 cucharadas de mantequilla sin sal
3 cucharadas de azúcar
1 cucharadita de esencia de vainilla

1. Precaliente el horno a 190 °C (375 °F). Unte con mantequilla dos moldes para tarta de 23 cm (9 in) de diámetro y fórrelos con papel vegetal.

2. Ponga la mantequilla, el agua y el cacao en un cazo, y caliéntelo a fuego lento sin que llegue a hervir. Remuévalo hasta que se derrita y quede homogéneo. Apártelo del fuego y deje que se enfríe un poco.

3. Bata los huevos con el suero de mantequilla, la vainilla y el colorante hasta que esté espumoso. Sin dejar de batir, añada la mantequilla derretida. Tamice la harina con la maicena y la levadura, e incorpórelas rápidamente con el azúcar.

4. Reparta la pasta entre los moldes y cueza las bases de bizcocho en el horno precalentado de 25 a 30 minutos, o hasta que suban y se noten consistentes al tacto. Déjelas reposar 3 o 4 minutos y después desmóldelas en una rejilla metálica para que se enfríen del todo.

5. Para preparar la cobertura, bata bien todos los ingredientes hasta obtener una crema homogénea. Junte las dos bases con la mitad de la cobertura y, con una espátula, extienda la restante sobre el pastel.

Pastel de café y nueces

 8 RACIONES   PREPARACIÓN: 30 minutos, más enfriado   TIEMPO DE COCCIÓN: 20-25 minutos

| información nutricional por ración | 667 kcal, 44 g grasas, 22 g grasas sat., 46 g azúcares, 0,5 g sal |

El café y las nueces se complementan de maravilla en este apetitoso pastel.

INGREDIENTES

175 g/1½ barras de mantequilla sin sal ablandada, y un poco más para engrasar

175 g/¾ de taza de azúcar moreno y 3 huevos batidos

3 cucharadas de café cargado

175 g/1⅓ tazas de harina

3½ cucharaditas de levadura en polvo

115 g/1 taza de nueces troceadas

nueces en mitades, para adornar

cobertura

115 g/1 barra de mantequilla sin sal ablandada

200 g/1⅔ tazas de azúcar glas (impalpable) y 1 cucharada de café

½ cucharadita de esencia de vainilla

1. Precaliente el horno a 180 °C (350 °F). Unte con mantequilla dos moldes para tarta de 20 cm (8 in) de diámetro y fórrelos con papel vegetal.

2. Bata la mantequilla con el azúcar hasta obtener una crema blanquecina y untuosa. Sin dejar de batir, incorpore el huevo poco a poco. Añada el café.

3. Tamice la harina y la levadura sobre la crema y después incorpórelas con suavidad con una cuchara metálica. Agregue las nueces troceadas. Reparta la pasta entre los moldes y alísela con una espátula. Cueza las bases de bizcocho en el horno precalentado de 20 a 25 minutos, o hasta que se doren y se noten esponjosas al tacto. Desmóldelas en una rejilla metálica y deje que se enfríen del todo.

4. Para preparar la cobertura, bata la mantequilla con el azúcar glas, el café y la vainilla hasta que quede homogénea y untuosa.

5. Junte las dos bases con la mitad de la cobertura. A continuación, con una espátula, unte la parte superior del pastel con la cobertura restante. Adorne el pastel con las nueces en mitades.

2

3

5

SUGERENCIA
Para potenciar el sabor del pastel, añádale café cargado.

Pastel de fruta seca

 16 RACIONES

 PREPARACIÓN: 30 minutos, más maceración

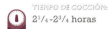 TIEMPO DE COCCIÓN: 2¼-2¾ horas

información nutricional por ración	400 kcal, 16 g grasas, 8,5 g grasas sat., 49 g azúcares, 0,15 g sal

El postre navideño por excelencia en los países anglosajones. Este exquisito pastel puede prepararse con mucha antelación para que los sabores se intensifiquen.

INGREDIENTES

350 g/2⅓ tazas de pasas de uva moscatel

225 g/1½ tazas de pasas

115 g/¾ de taza de orejones de albaricoque (damasco) picados

85 g/⅔ de taza de dátiles sin hueso picados

4 cucharadas/¼ de taza de ron negro o brandy, y un poco más para emborrachar la tarta (opcional)

la ralladura fina y el zumo (jugo) de 1 naranja

225 g/2 barras de mantequilla sin sal ablandada, y un poco más para engrasar

225 g/1 taza de azúcar moreno claro y 4 huevos batidos

70 g/⅓ de taza de fruta confitada picada

85 g/⅓ de taza de cerezas confitadas en cuartos

25 g/2 trozos de jengibre confitado o en conserva picado

40 g/¼ de taza de almendras escaldadas picadas

200 g/1⅔ tazas de harina

1 cucharadita de pimienta de Jamaica molida

1. Ponga las pasas, los orejones y los dátiles en un bol grande y, si lo desea, incorpore el ron. Añada la ralladura y el zumo de naranja. Tápelo y déjelo macerar varias horas o toda la noche.

2. Precaliente el horno a 150 °C (300 °F). Unte con mantequilla un molde para tarta de 20 cm (8 in) de diámetro y fórrelo con papel vegetal.

3. Bata la mantequilla con el azúcar en un bol grande hasta obtener una crema blanquecina y esponjosa. Sin dejar de batir, incorpore el huevo poco a poco. Agregue la fruta macerada, la fruta confitada, las cerezas, el jengibre y la almendra, y remueva.

4. Tamice la harina y la pimienta por encima, y remueva con suavidad y de modo uniforme. Vierta la pasta en el molde, alísela y hunda un poco la parte central con el dorso de una cuchara.

5. Cueza el pastel en el horno precalentado de 2¼ a 2¾ horas, o hasta que empiece a desprenderse de las paredes del molde y, al pincharlo en el centro con una brocheta, salga limpia. Déjelo enfriar del todo en el molde.

6. Desmolde el pastel y retire el papel. Envuélvalo en papel vegetal y papel de aluminio y resérvelo al menos 2 meses antes de consumirlo. Si desea emborracharlo, pínchelo varias veces con un palillo y rocíelo con un par de cucharadas de ron o brandy antes de reservarlo.

Pastel de calabaza especiado

 8 RACIONES
 PREPARACIÓN: 25 minutos, más enfriado
 TIEMPO DE COCCIÓN: 35-40 minutos

información nutricional **por ración** — 631 kcal, 39 g grasas, 12 g grasas sat., 44 g azúcares, 0,9 g sal

Este pastel de calabaza, pasas y nueces, ligeramente especiado, va recubierto de una cremosa cobertura de mascarpone al jarabe de arce.

INGREDIENTES

175 ml/¾ de taza de aceite de girasol, y para engrasar

175 g/¾ de taza de azúcar moreno y 3 huevos batidos

250 g/1 taza de puré de calabaza (zapallo anco) en conserva

85 g/⅔ de taza de pasas

la ralladura de 1 naranja

70 g/⅔ de taza de nueces y 225 g/1¾ tazas de harina

1 cucharadita de bicarbonato, 2¾ de levadura en polvo y 2 de pimienta de Jamaica

cobertura

250 g/1 taza de mascarpone

85 g/⅔ de taza de azúcar glas (impalpable) y 3 cucharadas de jarabe de arce

1. Precaliente el horno a 180 °C (350 °F). Unte con aceite un molde cuadrado de 23 cm (9 in) de lado y fórrelo con papel vegetal.

2. Bata el aceite con el azúcar y el huevo en un bol grande. Incorpore el puré de calabaza, las pasas, la ralladura de naranja y 55 g (½ taza) de nueces troceadas.

3. Tamice por encima la harina con el bicarbonato, la levadura y la pimienta, y remueva. Extienda la pasta en molde y cueza el pastel en el horno precalentado de 35 a 40 minutos, o hasta que se dore y se note consistente al tacto. Déjelo reposar 5 minutos y después desmóldelo en una rejilla metálica para que se enfríe del todo.

4. Para preparar la cobertura, bata en un bol el mascarpone con el azúcar glas y el jarabe de arce hasta obtener una crema homogénea. Extiéndala sobre el pastel, rizándola con una espátula. Pique bien el resto de las nueces y espárzalas por encima.

2

3

4

CONSEJO SALUDABLE
Para aligerar la receta, prepare la cobertura con yogur griego endulzado con miel. Extiéndala por encima del pastel en el último momento.

Pastel de coco

 8 RACIONES   PREPARACIÓN: 30 minutos, más enfriado  TIEMPO DE COCCIÓN: 20-25 minutos

información nutricional por ración	592 kcal, 42 g grasas, 26 g grasas sat., 28 g azúcares, 0,35 g sal

Un pastel perfecto para una ocasión especial, hecho de esponjoso bizcocho de coco, relleno y recubierto de una cobertura irresistiblemente cremosa.

INGREDIENTES

55 g/4 cucharadas de mantequilla con sal derretida y enfriada, y un poco más para engrasar
6 huevos grandes batidos
175 g/³/₄ de taza y 2 cucharadas de azúcar
175 g/1¹/₃ tazas y 1 cucharada de harina
70 g/1 taza de coco rallado
virutas de coco tostado, para adornar

cobertura
250 g/1 taza de mascarpone
4 cucharadas/¹/₄ de taza de leche de coco
25 g/2 cucharadas de azúcar
150 ml/²/₃ de taza de nata (crema) extragrasa

1. Precaliente el horno a 180 °C (350 °F). Unte con mantequilla tres moldes para tarta de 20 cm (8 in) de diámetro y fórrelos con papel vegetal.

2. Ponga el huevo y el azúcar en un bol refractario grande encajado en la boca de un cazo con agua hirviendo a fuego lento. Bátalo con las varillas eléctricas hasta obtener una crema espesa y blanquecina que caiga en un hilo al levantar las varillas.

3. Tamice la mitad de la harina en la crema de huevo y remueva con suavidad. A continuación, haga lo mismo con la harina restante. Agregue el coco rallado. Vierta la mantequilla en un hilo sobre la pasta y remueva solo hasta que quede incorporada.

4. Reparta la pasta entre los moldes y cueza las bases de bizcocho en el horno precalentado de 20 a 25 minutos, o hasta que empiecen a dorarse y estén esponjosas al tacto. Déjelas reposar 5 minutos y después desmóldelas en una rejilla metálica para que se enfríen del todo.

5. Para preparar la cobertura, bata en un bol el mascarpone con la leche de coco y el azúcar hasta obtener una crema homogénea. Monte un poco la nata, solo hasta que forme picos suaves, e incorpórela a la crema de coco.

6. Junte las tres bases de bizcocho con un tercio de la cobertura, y extienda el resto por todo el pastel. Adórnelo con virutas de coco tostado.

Pastel de frutos rojos

 16 RACIONES PREPARACIÓN: 50 minutos, más refrigeración TIEMPO DE COCCIÓN: 35-40 minutos

| información nutricional por ración | 502 kcal, 33 g grasas, 20 g grasas sat., 35 g azúcares, 0,6 g sal |

Este fantástico pastel es ideal para una merienda estival con amigos o como postre de una comida relajada. Escoja frutos consistentes y sin magulladuras para que el jugo no manche la cobertura.

INGREDIENTES

280 g/2½ barras de mantequilla con sal ablandada, y un poco más para engrasar

280 g/2⅓ tazas de azúcar

5 huevos batidos y 1 cucharada de esencia de vainilla

280 g/2¼ tazas de harina

1 cucharada de levadura en polvo

3 cucharadas de leche

5 cucharadas/⅓ de taza de confitura de frambuesa o fresa (frutilla)

150 ml/⅔ de taza de nata (crema) extragrasa

350-400 g/3 tazas de frutos rojos variados, como fresas (frutillas), frambuesas y arándanos

azúcar glas (impalpable), para espolvorear

cobertura

200 g/1 taza de queso cremoso

100 g/1 barra de mantequilla sin sal ablandada

1 cucharadita de zumo (jugo) de limón y 100 g/1 taza de azúcar glas (impalpable)

colorante alimentario rosa

1. Precaliente el horno a 180 °C (350 °F). Unte con mantequilla dos moldes para tarta de 20 cm (8 in) de diámetro y fórrelos con papel vegetal. Bata en un bol la mantequilla con el azúcar hasta obtener una crema blanquecina. Sin dejar de batir, incorpore el huevo poco a poco y después la vainilla. Tamice por encima la harina y la levadura, e incorpórelas con suavidad. Añada la leche. Reparta la pasta entre los moldes. Cueza las bases de bizcocho en el horno precalentado de 35 a 40 minutos, o hasta que se noten esponjosas al tacto. Desmóldelas en una rejilla metálica y deje que se enfríen del todo.

2. Coloque una de las bases de bizcocho en una fuente de servicio llana y úntela con la confitura. Monte la nata hasta que empiece a ganar cuerpo. Extiéndala sobre la confitura, casi hasta el borde del bizcocho. Coloque la otra base encima y presiónela con cuidado para que la nata se extienda hasta el borde.

3. Para preparar la cobertura, bata el queso con la mantequilla. Añada el zumo de limón y el azúcar glas, y bata hasta obtener una crema ligera. Incorpore unas gotas de colorante rosa para teñir la cobertura de un tono muy claro. Con una espátula, extienda una fina capa de cobertura por todo el pastel para unir las capas. En esta fase el bizcocho aún quedará a la vista, pero después se le añadirá otra capa de cobertura. Refrigérelo 15 minutos.

4. Con la espátula, extienda una capa más gruesa de cobertura alrededor del pastel. Extienda el resto por encima. A continuación, trabaje la cobertura con la espátula para alisarla o darle la textura que prefiera. Coloque los frutos rojos encima. Ponga un poco de azúcar glas en un colador pequeño de malla fina y tamícelo sobre las frutas, para simular que están nevadas.

Pastel de fresas con nata

 8 RACIONES   PREPARACIÓN: 30 minutos, más enfriado    TIEMPO DE COCCIÓN: 25-30 minutos

| información nutricional por ración | 566 kcal, 42 g grasas, 25 g grasas sat., 28 g azúcares, 0,8 g sal |

Este pastel, con un suntuoso relleno de confitura de frambuesa, nata montada y fresas, queda riquísimo. Sencillamente perfecto para una merienda estival.

INGREDIENTES

175 g/1½ barras de mantequilla con sal ablandada, y un poco más para engrasar

175 g/1⅓ tazas de harina

2¾ cucharaditas de levadura en polvo

175 g/1 taza de azúcar y 3 huevos

azúcar glas (impalpable), para espolvorear

relleno

3 cucharadas de confitura de frambuesa

300 ml/1¼ tazas de nata (crema) extragrasa, montada

16 fresas (frutillas)

1. Precaliente el horno a 180 °C (350 °F). Unte con mantequilla dos moldes para tarta de 20 cm (8 in) de diámetro y fórrelos con papel vegetal.

2. Tamice la harina y la levadura en un bol, y añada la mantequilla, el azúcar y el huevo batido. Bátalo bien hasta obtener una pasta homogénea.

3. Reparta la pasta entre los dos moldes y alísela con una espátula. Cueza las bases de bizcocho en el horno precalentado de 20 a 25 minutos, o hasta que suban, se doren y se noten esponjosas al tacto.

4. Déjelas reposar 5 minutos en los moldes, y luego desmóldelas y retire el papel vegetal. Deje que se enfríen por completo en una rejilla metálica. Junte las dos bases de bizcocho con la confitura de frambuesa, la nata montada y las fresas partidas por la mitad. Espolvoréelo con azúcar glas y sírvalo.

2

3

4

SUGERENCIA
Para adornarlo con un motivo de encaje, ponga una blonda de papel encima y espolvoree azúcar glas.

Pastel de chocolate blanco al café

10 RACIONES | PREPARACIÓN: 30 minutos, más refrigeración | TIEMPO DE COCCIÓN: 25-30 minutos

información nutricional por ración | 467 kcal, 27 g grasas, 16 g grasas sat., 40 g azúcares, 0,2 g sal

Este pastel con sabor a café va recubierto de una crema fina y dulce a base de nata y chocolate blanco.

INGREDIENTES

40 g/3 cucharadas de mantequilla sin sal, y para engrasar
85 g/3 oz de chocolate blanco
125 g/²/₃ de taza de azúcar
4 huevos grandes batidos
2 cucharadas de café cargado
1 cucharadita de esencia de vainilla y 125 g/1 taza de harina

cobertura
175 g/6 oz de chocolate blanco
85 g/6 cucharadas de mantequilla sin sal
125 ml/¹/₂ taza de nata (crema) fresca espesa, 125 g/1 taza de azúcar glas (impalpable) tamizado y 1 cucharada de licor de café

1. Precaliente el horno a 180 °C (350 °F). Unte con mantequilla dos moldes de 20 cm (8 in) de diámetro y fórrelos con papel vegetal. Encaje un bol refractario en un cazo con agua hirviendo y derrita el chocolate troceado con la mantequilla. Remueva para mezclarlo y apártelo del fuego. En otro bol refractario y también al calor del vapor de agua, bata el azúcar con el huevo, el café y la vainilla con unas varillas hasta que la crema caiga en un hilo al levantarlas. Apártelo del fuego, tamice la harina por encima y remueva con suavidad y de manera uniforme. Incorpore el chocolate derretido y reparta la pasta entre los moldes. Cueza las bases de bizcocho en el horno de 25 a 30 minutos, hasta que suban, se doren y estén esponjosas. Déjelas reposar 2 minutos y luego desmóldelas en una rejilla metálica para que se enfríen del todo.

2. Para preparar la cobertura, derrita el chocolate con la mantequilla en un bol refractario encajado en la boca de un cazo con agua hirviendo a fuego lento, sin que llegue a tocarla. Apártelo del fuego, incorpore la nata y agregue el azúcar glas y el licor de café. Remueva con suavidad. Refrigere la cobertura hasta que cuaje. Junte ambas bases de bizcocho con un poco de cobertura y extienda la restante por el pastel.

1

1

2

CONSEJO
Derrita el chocolate blanco con precaución, ya que si lo calentara demasiado se agrumaría.

Corona de café

14 RACIONES | PREPARACIÓN: 40 minutos, más enfriado | TIEMPO DE COCCIÓN: 50 minutos

| información nutricional por ración | 505 kcal, 28 g grasas, 17 g grasas sat., 36 g azúcares, 0,9 g sal |

Debido al hueco que queda en medio, las coronas precisan poca cocción y, por tanto, quedan muy esponjosas.

INGREDIENTES

275 g/2½ barras de mantequilla con sal ablandada, y un poco más para engrasar
400 g/3¼ tazas de harina, y un poco más para espolvorear
1 cucharada de levadura en polvo
1 cucharadita de bicarbonato
3 cucharadas de café soluble
125 g/½ taza de azúcar moreno
225 ml/1 taza de jarabe de arce
3 huevos batidos
225 ml/1 taza de suero de mantequilla
225 ml/1 taza de nata (crema) extragrasa

para adornar

4 cucharadas/¼ de taza de jarabe de arce
200 g/1⅔ tazas de azúcar glas (impalpable)
1 cucharada de mantequilla sin sal derretida
20 granos de café recubiertos de chocolate

1. Precaliente el horno a 180 °C (350 °F). Unte con mantequilla un molde de corona de 3 litros (3 cuartos de galón) de capacidad y espolvoréelo con un poco de harina.

2. Tamice en un bol la harina, la levadura, el bicarbonato y el café. En otro bol, bata la mantequilla con el azúcar hasta obtener una crema blanquecina. Incorpore poco a poco el jarabe de arce. Sin dejar de batir, añada poco a poco el huevo y, para que la crema no se corte, 3 cucharadas de la harina tamizada.

3. Mezcle el suero de mantequilla con la nata y añada la mitad a la crema. Espolvoréela con la mitad de la harina tamizada restante y remueva con suavidad. Añada el suero de mantequilla y la harina restantes, y remueva solo hasta mezclar los ingredientes.

4. Vierta la pasta en el molde y alísela con una espátula. Cueza la corona en el horno unos 50 minutos, o hasta que suba y, al pincharla con una brocheta, salga limpia. Déjala reposar 10 minutos y después sepárela con un cuchillo de las paredes del molde y desmóldela en una rejilla metálica para que se enfríe del todo.

5. Para adornar la corona, bata en un bol el jarabe de arce con 150 g (1¼ tazas) del azúcar glas y la mantequilla hasta obtener una pasta espesa que cubra bien el dorso de una cuchara de madera. Pase la corona a una fuente de servicio y rocíela con la pasta de modo que caiga por los bordes.

6. En un cuenco, bata el resto del azúcar glas con 1½-2 cucharaditas de agua para obtener una glaseado blanco. Con una cucharilla, viértalo del mismo modo sobre la corona. Adórnela con los granos de café recubiertos de chocolate.

Bizcocho ligero con frutos rojos

10 RACIONES — PREPARACIÓN: 30 minutos, más enfriado — TIEMPO DE COCCIÓN: 40-45 minutos

información nutricional por ración: 171 kcal, 0,5 g grasas, 0,1 g grasas sat., 29 g azúcares, 0,13 g sal

Este bizcocho ligero, sin grasas y cubierto de frutos rojos, es un postre magnífico para una barbacoa estival o una comida al aire libre.

INGREDIENTES

aceite de girasol, para engrasar
115 g/1 taza de harina, y un poco más para espolvorear
las claras de 8 huevos grandes
1 cucharadita de crémor tártaro
1 cucharadita de esencia de almendra
250 g/1¼ tazas de azúcar

para adornar

250 g/2 tazas de frutos rojos variados, como frambuesas, fresas (frutillas) y arándanos
1 cucharada de zumo (jugo) de limón
2 cucharadas de azúcar glas (impalpable)

1. Precaliente el horno a 160 °C (325 °F). Unte con aceite un molde de corona de 24 cm (9 in) de diámetro y espolvoréelo con un poco de harina.

2. Monte las claras a punto de nieve en un bol bien limpio. Añada el crémor tártaro y bata hasta que las claras adquieran cuerpo, pero sin que pierdan jugosidad. Sin dejar de batir, agregue la esencia de almendra y el azúcar a cucharadas. Tamice la harina por encima e incorpórela removiendo suave y uniformemente con una cuchara metálica.

3. Vierta la pasta en el molde. Cueza la corona en el horno precalentado de 40 a 45 minutos, o hasta que se dore. Pase la hoja del cuchillo por el borde del molde para que se desprenda el bizcocho. Déjelo reposar 10 minutos y después desmóldelo en una rejilla metálica para que se enfríe del todo.

4. Para adornar la corona, caliente en un cazo los frutos rojos con el zumo de limón y el azúcar hasta que este último se disuelva. Dispóngalos sobre la corona y sírvala.

COMBINA CON
Sirva este delicioso bizcocho con nata extragrasa montada endulzada con un poco de azúcar glas.

Pastelitos de zanahoria

20 UNIDADES

PREPARACIÓN: 1 hora, más enfriado

TIEMPO DE COCCIÓN: 35 minutos

información nutricional por unidad: 250 kcal, 15,5 g grasas, 8 g grasas sat., 19 g azúcares, 0,32 g sal

El pastel de zanahoria es todo un clásico que no podía faltar en este capítulo. Si lo desea, prepare los pastelillos con antelación y adórnelos con las zanahorias de mazapán en el último momento.

INGREDIENTES

150 g/1¼ barras de mantequilla con sal ablandada, y un poco más para engrasar

150 g/¾ de taza de azúcar moreno y 3 huevos batidos

150 g/1¼ tazas de harina

2 cucharaditas de levadura en polvo y ½ de pimienta de Jamaica molida

85 g/1 taza de almendra molida

la ralladura fina de 1 limón

150 g/1⅓ tazas de zanahoria rallada

85 g/½ taza de pasas de uva moscatel troceadas

para adornar

150 g/⅔ de taza de queso cremoso

40 g/3 cucharadas de mantequilla sin sal ablandada

115 g/1 taza de azúcar glas (impalpable), y un poco más para espolvorear

2 cucharadas de zumo (jugo) de limón y ramitas de eneldo

60 g/2¼ oz de mazapán (pasta de almendra)

colorante alimentario naranja

1. Precaliente el horno a 180 °C (350 °F). Unte con mantequilla un molde rectangular de 25 x 20 cm (10 x 8 in) de lado y fórrelo con papel vegetal. Unte con mantequilla el papel. En un bol, bata con las varillas eléctricas la mantequilla con el azúcar, el huevo, la harina, la levadura, la pimienta, la almendra y la ralladura de limón hasta obtener una pasta homogénea y cremosa. Incorpore la zanahoria y las pasas.

2. Vierta la pasta en el molde y alísela con una espátula. Cueza el bizcocho en el horno precalentado 35 minutos, o hasta que suba y empiece a notarse consistente al tacto. Déjelo reposar 10 minutos y después páselo a una rejilla metálica para que se enfríe del todo.

3. Para preparar la cobertura, bata el queso con la mantequilla, el azúcar glas y el zumo de limón hasta obtener una crema. Por otra parte, añada unas gotas de colorante sobre el mazapán y extiéndalo con el rodillo en la encimera espolvoreada con un poco de azúcar glas hasta que quede teñido de un color uniforme. Dele forma de salchicha, córtela en 20 trocitos y moldéelos en forma de zanahorias, marcando los surcos con un cuchillo.

4. Unte el bizcocho con la cobertura casi hasta el borde. Recorte y deseche los bordes tostados del bizcocho y córtelo en 20 cuadraditos. Adorne cada pastelillo con una zanahoria de mazapán y una ramita de eneldo para simular el tallo.

Pastel crujiente de manzana

 10 RACIONES 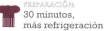 PREPARACIÓN: 30 minutos, más refrigeración  TIEMPO DE COCCIÓN: 1 hora y 20 minutos

información nutricional por ración	451 kcal, 26 g grasas, 13 g grasas sat., 28 g azúcares, 0,7 g sal

Un bizcocho especiado con trozos de jugosa manzana y cubierto de una deliciosa capa crujiente: ¡irresistible!

INGREDIENTES

175 g/1½ barras de mantequilla con sal ablandada, y un poco más para engrasar

175 g/1 taza de azúcar

3 huevos grandes batidos

2 cucharadas de leche

225 g/1¾ tazas de harina

2½ cucharaditas de levadura en polvo

1 cucharadita de canela molida

½ cucharadita de nuez moscada rallada

2 manzanas grandes, como Granny Smith, peladas, sin el corazón y troceadas

helado o nata (crema) fresca espesa, para acompañar

cobertura crujiente

85 g/¾ de taza de harina

55 g/4 cucharadas de mantequilla sin sal fría y en dados

55 g/¼ de taza de azúcar moreno

55 g/⅓ de taza de avellanas escaldadas picadas

1. Precaliente el horno a 180 °C (350 °F). Unte con mantequilla un molde desmontable de 23 cm (9 in) de diámetro y fórrelo con papel vegetal.

2. Bata la mantequilla con el azúcar en un bol grande hasta obtener una crema blanquecina y espumosa. Incorpore el huevo poco a poco y después la leche. Tamice la harina, la levadura y las especias por encima, y remueva con suavidad hasta que todo esté bien mezclado.

3. Vierta la mitad de la pasta en el molde y esparza la mitad de la manzana troceada por encima. Añada la pasta restante y extiéndala de modo uniforme. Agregue el resto de la manzana.

4. Para preparar la cobertura crujiente, tamice la harina en un bol y, con los dedos, mézclela con la mantequilla hasta obtener una textura parecida a la del pan rallado. Agregue el azúcar y los frutos secos, y remueva. Reparta la cobertura sobre el pastel.

5. Cueza el pastel en el horno precalentado 1 hora, y luego tápelo holgadamente con papel de aluminio para que no se dore demasiado. Cuézalo de 10 a 20 minutos más, o hasta que esté dorado y consistente. Déjelo reposar 20 minutos, desmonte el molde y páselo con cuidado a una rejilla metálica. Sirva el pastel templado o frío, con helado o nata fresca espesa.

Corona de pacanas y jarabe de arce

 10 RACIONES PREPARACIÓN: 30 minutos, más enfriado TIEMPO DE COCCIÓN: 45-50 minutos

información nutricional por ración: 466 kcal, 28 g grasas, 14 g grasas sat., 33 g azúcares, 0,6 g sal

Preparada en un molde acanalado tradicional, esta corona no solo es un regalo para la vista, sino también para el paladar.

INGREDIENTES

200 g/1¾ barras de mantequilla con sal ablandada, y para engrasar
200 g/1 taza de azúcar moreno claro y 3 huevos grandes batidos
55 g/½ taza de pacanas (nueces pecán) picadas
4 cucharadas/¼ de taza de jarabe de arce y 150 ml/⅔ de taza de nata (crema) agria
225 g/1¾ tazas de harina
2¾ cucharaditas de levadura en polvo y pacanas picadas (nueces pecán) para adornar

glaseado
85 g/⅔ de taza de azúcar glas (impalpable) tamizado,
1 cucharada de jarabe de arce y 1-2 de agua templada

1. Precaliente el horno a 160 °C (325 °F). Unte con mantequilla un molde de corona de 2 litros (2 cuartos de galón) de capacidad y espolvoréelo con un poco de harina.

2. Bata en un bol la mantequilla con el azúcar hasta que quede clara y esponjosa. Sin dejar de batir, añada el huevo poco a poco y después las pacanas, el jarabe de arce y la nata. Tamice la harina y la levadura por encima e incorpórelas con suavidad.

3. Vierta la pasta en el molde y alísela con una espátula. Cueza la corona en el horno de 45 a 50 minutos, o hasta que se dore, adquiera consistencia y, al pincharla con una brocheta, salga limpia. Déjela reposar 10 minutos y después desmóldela en una rejilla metálica para que se enfríe del todo.

4. Para preparar el glaseado, mezcle el azúcar con el jarabe de arce y el agua justa para ligarlo. Glasee la corona por encima, dejando que el glaseado caiga por los lados. Adórnela con las pacanas picadas y deje secar el glaseado.

2

3

3

CONSEJO
Antes de darle la vuelta a la corona para sacarla del molde, pase la punta de una espátula fina por el borde.

Cupcakes clásicos de vainilla *38*

Magdalenas de frutos rojos *40*

Magdalenas de chocolate blanco y frambuesas *42*

Cupcakes con crema de chocolate *44*

Magdalenas con pepitas de chocolate *46*

Cupcakes con frutos rojos escarchados *48*

Cupcakes colibrí *50*

Magdalenas de chocolate a la naranja *52*

Magdalenas de manzana y canela *54*

Cupcakes de tiramisú *56*

Magdalenas de arándanos *58*

Cupcakes con golosinas *60*

Magdalenas de fudge y cacahuete *62*

Magdalenas crujientes de manzana *64*

Magdalenas y cupcakes

Cupcakes clásicos de vainilla

 12 UNIDADES   PREPARACIÓN: 25 minutos 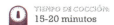 TIEMPO DE COCCIÓN: 15-20 minutos

información nutricional por unidad | 453 kcal, 27 g grasas, 17 g grasas sat., 40 g azúcares, 0,2 g sal

No hay quien se resista a estos ligeros y esponjosos cupcakes de vainilla coronados con grandes remolinos de crema de mantequilla.

INGREDIENTES

175 g (1½ barras) de mantequilla sin sal ablandada
175 g/1 taza de azúcar
3 huevos grandes batidos
1 cucharadita de esencia de vainilla y 2 de levadura en polvo
175 g (1⅓ tazas) de harina

cobertura
150 g (1¼ barras) de mantequilla sin sal ablandada
3 cucharadas de nata (crema) extragrasa o leche
1 cucharadita de esencia de vainilla
300 g (2⅓ tazas) de azúcar glas (impalpable) tamizado y confeti de azúcar, para adornar

1. Precaliente el horno a 180 °C (350 °F). Coloque 12 moldes de papel en un molde múltiple para magdalenas.

2. Bata la mantequilla con el azúcar en un bol hasta obtener una crema blanca y untuosa. Sin dejar de batir, añada el huevo y luego la vainilla. Tamice encima la harina y la levadura, e incorpórelas con suavidad.

3. Reparta la pasta entre los moldes y cueza los cupcakes en el horno precalentado de 15 a 20 minutos, o hasta que suban y se noten consistentes al tacto. Déjelos enfriar en una rejilla metálica.

4. Para preparar la cobertura, bata la mantequilla en un bol con las varillas eléctricas 2 o 3 minutos, hasta que esté blanquecina y untuosa. Sin dejar de batir, añada la nata y la vainilla. Incorpore poco a poco el azúcar glas, y siga batiendo hasta obtener una crema ligera y esponjosa.

5. Con una espátula, reparta la cobertura en remolinos sobre los cupcakes. Adórnelos con confeti de azúcar.

2

3

5

RICO Y DIFERENTE
Para hacer cupcakes en miniatura para una fiesta infantil, reparta la pasta entre 30 moldes de papel pequeños y reduzca el tiempo de cocción a de 8 a 10 minutos.

Magdalenas de frutos rojos

12 UNIDADES — PREPARACIÓN: 20 minutos — TIEMPO DE COCCIÓN: 20-25 minutos

información nutricional por unidad: 255 kcal, 15 g grasas, 7 g grasas sat., 13 g azúcares, 0,5 g sal

Rápidas y fáciles de hacer, estas magdalenas están rellenas de jugosos frutos rojos.

INGREDIENTES

- 225 g (1¾ tazas) de harina
- 2 cucharaditas de levadura en polvo
- 55 g/1½ tazas de almendra molida
- 125 g/⅔ de taza de azúcar, y un poco más para espolvorear
- 150 g/1¼ barras de mantequilla con sal derretida
- 100 ml/½ taza de leche
- 2 huevos batidos
- 250 g/2 tazas de frutos rojos variados, como arándanos, frambuesas y moras

1. Precaliente el horno a 190 °C (375 °F). Coloque 12 moldes de papel en un molde múltiple para magdalenas.

2. Tamice la harina y la levadura en un bol grande, y añada la almendra molida y el azúcar. Haga un hoyo en el centro.

3. Bata la mantequilla con la leche y el huevo, y viértalo en el hoyo. Remueva con suavidad hasta que la pasta empiece a ligarse, pero sin trabajarla demasiado. Incorpore los frutos rojos.

4. Reparta la pasta entre los moldes. Cueza las magdalenas en el horno precalentado de 20 a 25 minutos, o hasta que empiecen a tomar color y a notarse consistentes al tacto. Sírvalas templadas o frías, espolvoreadas con azúcar.

CONGELACIÓN
Se conservan hasta 2 meses en el congelador. Déjalas descongelar un par de horas a temperatura ambiente.

Magdalenas de chocolate blanco y frambuesas

 12 UNIDADES  PREPARACIÓN: 20 minutos   TIEMPO DE COCCIÓN: 20-25 minutos

información nutricional por unidad: 246 kcal, 11 g grasas, 6,5 g grasas sat., 18 g azúcares, 0,5 g sal

Mejores recién salidas del horno, estas magdalenas son magníficas como tentempié de media mañana.

INGREDIENTES

250 g/2 tazas de harina
1 cucharada de levadura en polvo
115 g/½ taza de azúcar
85 g/6 cucharadas de mantequilla con sal fría y rallada gruesa
1 huevo grande
175 ml/¾ de taza de leche
175 ml/1½ tazas de frambuesas
140 g/¾ de taza de pepitas de chocolate blanco

1. Precaliente el horno a 200 °C (400 °F). Coloque 12 moldes de papel en un molde múltiple para magdalenas.

2. Tamice la harina y la levadura en un bol grande y añada el azúcar. Incorpore la mantequilla con un tenedor. En un bol, mezcle el huevo batido con la leche.

3. Haga un hoyo en el centro de los ingredientes secos y vierta dentro los líquidos. Remueva con suavidad hasta que la pasta empiece a ligarse, pero sin trabajarla demasiado. Incorpore las frambuesas y la mitad de las pepitas de chocolate.

4. Reparta la pasta entre los moldes y esparza el resto de las pepitas de chocolate por encima. Cueza las magdalenas en el horno precalentado de 20 a 25 minutos, o hasta que suban, se doren y empiecen a notarse consistentes al tacto. Déjelas reposar 5 minutos en el molde y después páselas a una rejilla metálica para que se enfríen del todo.

RICO Y DIFERENTE
Sustituya las frambuesas por moras, frescas o congeladas, o, si prefiere un sabor tropical, por trocitos de mango.

Cupcakes con crema de chocolate

 14 UNIDADES 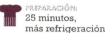 PREPARACIÓN: 25 minutos, más refrigeración   TIEMPO DE COCCIÓN: 15-20 minutos

información nutricional por unidad	440 kcal, 28 g grasas, 17 g grasas sat., 37 g azúcares, 0,33 g sal

De jugoso bizcocho de chocolate y con grandes remolinos de crema, estos cupcakes son insuperables. Además, como pueden prepararse un día antes, son ideales para cumpleaños y otras ocasiones especiales.

INGREDIENTES

115 g/1 taza de harina
2 cucharaditas de levadura en polvo
1½ cucharadas de cacao en polvo
115 g/1 barra de mantequilla con sal ablandada, o 115 g/½ taza de margarina
115 g/½ taza de azúcar
2 huevos grandes batidos
55 g/2 oz de chocolate negro derretido

cobertura
150 g/6 oz de chocolate negro picado
200 ml/1 taza de nata (crema) extragrasa
150 g/1¼ barras de mantequilla sin sal ablandada
280 g/2¼ tazas de azúcar glas (impalpable) tamizado
adornos de chocolate y bolitas doradas de anís, para adornar (opcional)

1. Precaliente el horno a 180 °C (350 °F). Coloque 14 moldes de papel en dos moldes múltiples para magdalenas.

2. Tamice la harina, la levadura y el cacao en un bol grande. Añada la mantequilla, el azúcar y el huevo, y bátalo hasta obtener una pasta homogénea. Incorpore el chocolate derretido.

3. Reparta la pasta entre los moldes. Cueza los cupcakes en el horno precalentado de 15 a 20 minutos, o hasta que suban y se noten consistentes al tacto. Déjelos enfriar en una rejilla metálica.

4. Para preparar la cobertura, ponga el chocolate en un bol refractario. Lleve la nata a ebullición en un cazo. Échela sobre el chocolate y remueva hasta obtener una crema homogénea. Deje que se enfríe, removiendo de vez en cuando, 20 minutos o hasta que se espese. Ponga la mantequilla en un bol, tamice el azúcar glas por encima y bátala hasta que esté homogénea. Batiendo, mézclela con la crema de chocolate. Refrigere la cobertura de 15 a 20 minutos.

5. Introduzca la cobertura en una manga pastelera con boquilla grande de estrella. Repártala en remolinos sobre los cupcakes. Si lo desea, adórnelos con figuritas de chocolate y bolitas doradas de anís.

2

2

4

Magdalenas con pepitas de chocolate

12 UNIDADES   PREPARACIÓN: 20 minutos   TIEMPO DE COCCIÓN: 20-25 minutos

información nutricional por unidad: 252 kcal, 11 g grasas, 6,5 g grasas sat., 15 g azúcares, 0,6 g sal

Estas magdalenas poseen una exquisita textura ligera y están llenas de trocitos de chocolate que se derriten en la boca.

INGREDIENTES

- 300 g/2⅓ tazas de harina
- 5 cucharaditas de levadura en polvo
- 85 g/6 cucharadas de mantequilla con sal fría y en dados
- 85 g/½ taza de azúcar
- 150 g/6 oz de chocolate con leche troceado
- 2 huevos grandes batidos
- 200 ml/1 taza de suero de mantequilla
- 1 cucharadita de esencia de vainilla

1. Precaliente el horno a 200 °C (400 °F). Coloque 12 moldes de papel en un molde múltiple para magdalenas.

2. Tamice la harina con la levadura en un bol grande. Incorpore la mantequilla con los dedos hasta obtener una textura parecida a la del pan rallado. Agregue el azúcar y el chocolate, y remueva.

3. Bata el huevo con el suero de mantequilla y la vainilla. Haga un hoyo en el centro de los ingredientes secos y vierta los líquidos. Remueva con suavidad hasta que la pasta empiece a ligarse, pero sin trabajarla demasiado.

4. Reparta la pasta entre los moldes. Cueza las magdalenas en el horno de 20 a 25 minutos, o hasta que suban, se doren y empiecen a notarse consistentes al tacto. Déjelas reposar 5 minutos en el molde y después páselas a una rejilla metálica para que se enfríen del todo.

CONSEJO

Para hacer sus propios moldes para magdalenas, recorte papel vegetal en cuadrados de 13 cm (5 in) de lado. Presiónelos dentro del hueco del molde, alisando los dobleces.

Cupcakes con frutos rojos escarchados

 12 UNIDADES  PREPARACIÓN: 25 minutos TIEMPO DE COCCIÓN: 15-20 minutos

| información nutricional por unidad | 330 kcal, 22,5 g grasas, 12,5 g grasas sat., 21 g azúcares, 0,3 g sal |

Estos cupcakes estivales están aromatizados con agua de azahar y cubiertos de una untuosa crema de mascarpone.

INGREDIENTES

115 g/1 barra de mantequilla con sal ablandada, o 115 g/½ taza de margarina

115 g/½ taza de azúcar

2 cucharaditas de agua de azahar y 1½ de levadura en polvo

2 huevos grandes batidos

55 g/1½ tazas de almendra

115 g/1 taza de harina y 2 cucharadas de leche

280 g/2½ tazas de frutos rojos, hojas de menta, clara de huevo y azúcar, para adornar

cobertura

300 g/1¼ tazas de mascarpone, 115 g/⅓ de taza de azúcar y 4 cucharadas/¼ de taza de zumo (jugo) de naranja

1. Precaliente el horno a 180 °C (350 °F). Coloque 12 moldes de papel en un molde múltiple para magdalenas.

2. Bata la mantequilla con el azúcar y el agua de azahar en un bol grande hasta obtener una crema ligera y esponjosa. Sin dejar de batir, incorpore el huevo poco a poco. Añada la almendra molida. Tamice por encima la harina y la levadura, y, con una cuchara metálica, incorpórelas. Agregue también la leche.

3. Reparta la pasta entre los moldes. Cueza los cupcakes en el horno precalentado de 15 a 20 minutos, o hasta que suban, se doren y se noten consistentes al tacto. Déjelos enfriar en una rejilla metálica.

4. Para preparar la cobertura, bata el mascarpone con el azúcar y el zumo de naranja en un bol hasta obtener una crema homogénea.

5. Repártala en remolinos sobre los cupcakes. Pinte los frutos rojos y las hojas de menta con clara de huevo batida y rebócelos con azúcar. Adorne los cupcakes con los frutos y las hojas escarchados.

CONSEJO
Elija frutos rojos pequeños, como arándanos y frambuesas, o unas fresas sin el rabillo y partidas por la mitad o en cuartos.

Cupcakes colibrí

 12 UNIDADES   PREPARACIÓN: 25 minutos   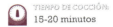 TIEMPO DE COCCIÓN: 15-20 minutos

información nutricional por unidad	150 kcal, 20 g grasas, 8 g grasas sat., 36 g azúcares, 0,4 g sal

Deliciosos cupcakes de piña, plátano y pacanas aromatizados con un ligero toque de canela. Adornados con una cremosa cobertura de queso, son dulces como el néctar.

INGREDIENTES

- 150 g/1¼ tazas de harina
- ¾ de cucharadita de bicarbonato
- 1 cucharadita de canela molida
- 125 g/½ taza de azúcar moreno
- 2 huevos batidos
- 100 ml/½ taza de aceite de girasol
- 1 plátano (banana) maduro chafado
- 2 rodajas de piña (ananás) en almíbar escurridas y picadas
- 25 g/¼ de taza de pacanas (nueces pecán) picadas
- 1 cucharada de pacanas (nueces pecán) troceadas, para adornar

cobertura
- 140 g/⅔ de taza de queso cremoso
- 70 g/5 cucharadas de mantequilla sin sal ablandada
- 1 cucharadita de esencia de vainilla
- 280 g/2¼ tazas de azúcar glas (impalpable) tamizado

1. Precaliente el horno a 180 °C (350 °F). Coloque 12 moldes de papel en un molde múltiple para magdalenas.

2. Tamice en un bol la harina con el bicarbonato y la canela, e incorpore el azúcar. Añada el huevo, el aceite, el plátano, la piña y las pacanas picadas, y mézclelo bien. Reparta la pasta entre los moldes.

3. Cueza los cupcakes en el horno precalentado de 15 a 20 minutos, o hasta que suban, se doren y se noten consistentes al tacto. Déjelos enfriar en una rejilla metálica.

4. Para preparar la cobertura, mezcle con una espátula el queso con la mantequilla y la vainilla. Incorpore el azúcar glas poco a poco y remueva hasta obtener una textura homogénea y untuosa. Reparta la cobertura en zigzag entre los cupcakes. Adórnelos con las pacanas troceadas.

Magdalenas de chocolate a la naranja

 12 UNIDADES   PREPARACIÓN: 20 minutos, más enfriado  TIEMPO DE COCCIÓN: 20 minutos

| información nutricional por unidad | 408 kcal, 21 g grasas, 9,5 g grasas sat., 37 g azúcares, 0,8 g sal |

Estas magdalenas dulces y crujientes llevan abundantes pepitas de chocolate y ralladura y zumo de naranja. Y, por si fuera poco, van adornadas con una crema de chocolate que está para chuparse los dedos.

INGREDIENTES

2 naranjas
unos 125 ml/½ taza de leche
225 g/1¾ tazas de harina
55 g/⅔ de taza de cacao en polvo
1 cucharada de levadura en polvo
1 pizca de sal
115 g/½ taza de azúcar moreno
150 g/1 taza de pepitas de chocolate negro
2 huevos
6 cucharadas/⅓ de taza de aceite de girasol o de mantequilla derretida y enfriada
tiras finas de piel (cáscara) de naranja, para adornar

cobertura
55 g/2 oz de chocolate negro troceado
25 g/2 cucharadas de mantequilla sin sal
2 cucharadas de agua
175 g/1⅓ tazas de azúcar glas (impalpable)

1. Precaliente el horno a 200 °C (400 °F). Coloque 12 moldes de papel en un molde múltiple para magdalenas.

2. Ralle bien la piel de las naranjas y exprímalas. Mezcle el zumo con leche hasta obtener 250 ml (1 taza) y añada la ralladura de naranja. Tamice la harina, el cacao, la levadura y la sal en un bol grande. Incorpore el azúcar y las pepitas de chocolate. Bata un poco los huevos e incorpore la leche aromatizada y el aceite. Haga un hoyo en el centro de la harina tamizada y vierta dentro los ingredientes líquidos. Remueva con suavidad hasta que la pasta empiece a ligarse, pero sin trabajarla demasiado. Reparta la pasta entre los moldes.

3. Cueza las magdalenas en el horno precalentado 20 minutos, o hasta que hayan subido y se noten consistentes al tacto. Déjelas reposar durante 5 minutos y después páselas a una rejilla metálica para que se enfríen del todo.

4. Para preparar la cobertura, ponga el chocolate en un bol refractario, añada la mantequilla y el agua, encájelo en la boca de un cazo con agua hirviendo a fuego lento, sin que llegue a tocarla, y remueva hasta que se derrita. Aparte el cazo del fuego y tamice el azúcar glas por encima. Bata la crema de chocolate hasta que quede homogénea y extiéndala sobre las magdalenas. Adórnelas con tiras finas de piel de naranja.

Magdalenas de manzana y canela

 12 UNIDADES   PREPARACIÓN: 20 minutos  TIEMPO DE COCCIÓN: 20-25 minutos

información nutricional por unidad: 210 kcal, 9 g grasas, 2 g grasas sat., 13 g azúcares, 0,3 g sal

Magdalenas integrales con avena, azúcar moreno y manzana rallada: irresistibles recién salidas del horno.

INGREDIENTES

- 200 g/1 2/3 tazas de harina integral
- 75 g/3/4 de taza de copos de avena
- 2 cucharaditas de levadura en polvo
- 1 cucharadita de canela molida
- 125 g/1/2 taza de azúcar moreno
- 2 huevos grandes
- 225 ml/1 taza de leche desnatada (descremada)
- 100 ml/1/2 taza de aceite de girasol
- 1 cucharadita de esencia de vainilla
- 1 manzana grande pelada, sin el corazón y rallada

1. Precaliente el horno a 180 °C (350 °F). Coloque 12 moldes de papel en un molde múltiple para magdalenas.

2. Tamice la harina, la avena, la levadura y la canela en un bol grande. Añada el salvado que quede en el tamiz. Incorpore el azúcar.

3. Bata un poco los huevos en un bol y añada la leche, el aceite y la vainilla. Haga un hoyo en el centro de la harina tamizada y vierta dentro los ingredientes líquidos. Remueva con suavidad hasta que la pasta empiece a ligarse, pero sin trabajarla demasiado. Incorpore la manzana.

4. Reparta la pasta entre los moldes. Cueza las magdalenas en el horno precalentado de 20 a 25 minutos, o hasta que suban, se doren y se noten consistentes al tacto.

5. Déjelas reposar 5 minutos en el molde y sírvalas templadas, o déjelas enfriar del todo en una rejilla metálica.

2

3

3

Cupcakes de tiramisú

 12 UNIDADES   PREPARACIÓN: 25 minutos, más enfriado  TIEMPO DE COCCIÓN: 15-20 minutos

información nutricional por unidad: 284 kcal, 18 g grasas, 11 g grasas sat., 21 g azúcares, 0,2 g sal

Estos exquisitos cupcakes son una versión en miniatura del tradicional postre italiano; también contienen café, mascarpone y marsala.

INGREDIENTES

115 g/1 barra de mantequilla sin sal ablandada
115 g/½ taza de azúcar moreno
2 huevos batidos
115 g/1 taza de harina tamizada
2 cucharaditas de levadura en polvo y 2 de café soluble
25 g/3 cucharadas de azúcar glas (impalpable) y 4 cucharadas/¼ de taza de agua
2 cucharadas de chocolate negro rallado, para adornar

cobertura
225 g/1 taza de mascarpone
85 g/⅓ de taza de azúcar
2 cucharadas de marsala o jerez dulce

1. Precaliente el horno a 180 °C (350 °F). Coloque 12 moldes de papel en un molde múltiple para magdalenas.

2. Bata en un bol la mantequilla con el azúcar, el huevo, la harina y la levadura hasta obtener una pasta blanquecina y untuosa. Repártala entre los moldes.

3. Cueza los cupcakes en el horno precalentado de 15 a 20 minutos, o hasta que suban, se doren y se noten consistentes al tacto.

4. Disuelva en un cazo a fuego lento el café soluble y el azúcar glas en el agua, sin dejar de remover. Hiérvalo 1 minuto y déjelo reposar 10 minutos. Pinte los cupcakes templados con el jarabe de café. Déjelos enfriar en una rejilla metálica.

5. Para preparar la cobertura, mezcle en un bol el mascarpone con el azúcar y el marsala hasta obtener una crema homogénea. Unte los cupcakes con la crema. Disponga una plantilla en forma de estrella sobre los cupcakes y esparza el chocolate rallado por encima.

ANTICÍPESE
Estos cupcakes estarán aún más ricos si los prepara un día antes. Adórnelos cuando vaya a servirlos.

Magdalenas de arándanos

12 UNIDADES | PREPARACIÓN: 20 minutos | TIEMPO DE COCCIÓN: 20 minutos

información nutricional por unidad: 200 kcal, 8 g grasas, 1,5 g grasas sat., 12 g azúcares, 0,5 g sal

Con jugosos arándanos y aromatizadas con limón y vainilla, en cuanto las saque del horno, estas sabrosas magdalenas desaparecerán como por arte de magia.

INGREDIENTES

- 280 g/2¼ tazas de harina
- 1 cucharada de levadura en polvo
- 1 pizca de sal
- 115 g/½ taza de azúcar moreno
- 150 g/1 taza de arándanos descongelados
- 2 huevos
- 250 ml/1 taza de leche
- 85 g/6 cucharadas de mantequilla con sal derretida y enfriada
- 1 cucharadita de esencia de vainilla
- la ralladura fina de 1 limón

1. Precaliente el horno a 200 °C (400 °F). Coloque 12 moldes de papel en un molde múltiple para magdalenas. Tamice la harina, la levadura y la sal en un bol. Incorpore el azúcar y los arándanos.

2. Bata un poco los huevos en otro bol e incorpore la leche, la mantequilla derretida, la vainilla y la ralladura de limón. Haga un hoyo en el centro de la harina tamizada y vierta dentro los ingredientes líquidos. Remueva con suavidad hasta que la pasta empiece a ligarse, pero sin trabajarla demasiado.

3. Reparta la pasta entre los moldes. Cueza las magdalenas en el horno precalentado unos 20 minutos, o hasta que suban, se doren y se noten consistentes al tacto.

4. Déjelas reposar 5 minutos en el molde y sírvalas templadas, o déjelas enfriar del todo en una rejilla metálica.

1

2

3

Cupcakes con golosinas

 12 UNIDADES   PREPARACIÓN: 25 minutos, más enfriado  TIEMPO DE COCCIÓN: 18-22 minutos

información nutricional por unidad: 435 kcal, 24 g grasas, 15 g grasas sat., 42 g azúcares, 0,4 g sal

Estos divertidos cupcakes harán las delicias de los pequeños en un cumpleaños infantil. ¿Y si deja que sean los propios niños quienes los adornen? ¡Lo único que tendrá que hacer es comprar más golosinas de la cuenta!

INGREDIENTES

150 g/1¼ barras de mantequilla con sal ablandada, o 150 g/⅔ de taza de margarina
150 g/¾ de taza de azúcar
3 huevos batidos
150 g/1¾ tazas de harina
1¼ cucharaditas de levadura en polvo
4 cucharaditas de caramelos gasificados con sabor a fresa (frutilla) (Peta Zetas)
golosinas, para adornar (opcional)

crema de mantequilla
175 g/1½ barras de mantequilla sin sal ablandada
2 cucharadas de leche
350 g/2¾ tazas de azúcar glas (impalpable)
colorante alimentario rosa y amarillo

1. Precaliente el horno a 180 °C (350 °F). Coloque 12 moldes de papel en un molde múltiple para magdalenas.

2. En un bol, bata la mantequilla con el azúcar hasta obtener una crema blanquecina. Sin dejar de batir, incorpore el huevo poco a poco. En otro bol, tamice la harina con la levadura. Con una cuchara metálica, vaya incorporándola a la crema. Añada la mitad del caramelo gasificado y remueva.

3. Reparta la pasta entre los moldes. Cueza los cupcakes en el horno precalentado de 18 a 22 minutos, o hasta que suban, se doren y se noten consistentes al tacto. Déjelos enfriar en una rejilla metálica.

4. Para preparar la crema de mantequilla, bata la mantequilla en un bol grande hasta que esté blanquecina y untuosa. Incorpore la leche y después el azúcar glas tamizado poco a poco, batiendo 2 o 3 minutos, hasta obtener una crema ligera y esponjosa. Divídala entre dos boles y eche un poco de colorante rosa en uno y amarillo en el otro.

5. Reparta la cobertura en remolinos entre los cupcakes y, si lo desea, adórnelos con golosinas. Antes de servirlos, distribuya el resto de los caramelos por encima.

Magdalenas de fudge y cacahuete

 12 UNIDADES    PREPARACIÓN: 20 minutos   TIEMPO DE COCCIÓN: 20-25 minutos

información nutricional **por unidad** | 280 kcal, 13 g grasas, 5 g grasas sat., 18 g azúcares, 0,6 g sal

La crema de cacahuete aporta a estas magdalenas un exquisito sabor y una rica textura crujiente.

INGREDIENTES

- 250 g/2 tazas de harina
- 4 cucharaditas de levadura en polvo
- 85 g/$^1/_3$ de taza de azúcar
- 6 cucharadas/$^1/_3$ de taza de crema de cacahuete (maní, cacahuate) crujiente
- 1 huevo grande
- 175 ml/$^3/_4$ de taza de leche
- 55 g/4 cucharadas de mantequilla con sal derretida y enfriada
- 150 g/5$^1/_2$ oz de caramelos de fudge en trocitos
- 3 cucharadas de cacahuetes (manís, cacahuates) sin sal troceados

1. Precaliente el horno a 200 °C (400 °F). Coloque 12 moldes de papel en un molde múltiple para magdalenas. Tamice la harina con la levadura en un bol grande. Añada el azúcar. Incorpore la crema de cacahuete y remueva la mezcla hasta que adquiera una textura parecida a la del pan rallado.

2. Bata un poco el huevo en un bol y mézclelo con la leche y la mantequilla derretida. Haga un hoyo en el centro de los ingredientes secos, vierta dentro los líquidos y agregue los trocitos de caramelo. Remueva con suavidad hasta que la pasta empiece a ligarse, pero sin trabajarla demasiado.

3. Reparta la pasta entre los moldes. Esparza los cacahuetes por encima. Cueza las magdalenas en el horno precalentado de 20 a 25 minutos, o hasta que suban, se doren y se noten consistentes al tacto.

4. Déjelas reposar 5 minutos en el molde y sírvalas templadas, o déjelas enfriar del todo en una rejilla metálica.

2

2

4

CONSEJO
Caliente las magdalenas del día anterior de 5 a 10 minutos en el horno precalentado a temperatura media.

Magdalenas crujientes de manzana

 14 UNIDADES   PREPARACIÓN: 25 minutos   TIEMPO DE COCCIÓN: 20 minutos

| información nutricional por unidad | 160 kcal, 6 g grasas, 3,5 g grasas sat., 13 g azúcares, 0,3 g sal |

Si sirve estas magdalenas de fruta con cobertura crujiente recién salidas del horno y acompañadas de nata montada, obtendrá un postre excepcional.

INGREDIENTES

280 g/1 taza de compota de manzana (en conserva)

55 g/½ barra de mantequilla con sal ablandada

85 g/½ taza de azúcar moreno y 1 huevo grande batido

175 g/1⅓ tazas de harina

2 cucharaditas de levadura en polvo, ½ de canela molida, ½ de bicarbonato y ½ de nuez moscada recién rallada

cobertura

50 g/⅓ de taza de harina

50 g/¼ de taza de azúcar moreno

¼ de cucharadita de canela molida y ¼ de nuez moscada

35 g/2½ cucharadas de mantequilla sin sal ablandada

1. Precaliente el horno a 180 °C (350 °F). Coloque 14 moldes de papel en dos moldes múltiples para magdalenas.

2. Para preparar la cobertura, mezcle la harina con el azúcar, la canela y la nuez moscada en un bol. Corte la mantequilla en trocitos e incorpórela con los dedos hasta obtener una pasta con una textura parecida a la del pan rallado.

3. Para preparar las magdalenas, mezcle el bicarbonato con la compota y remueva hasta que se disuelva. Bata la mantequilla con el azúcar en un bol grande hasta obtener una crema blanquecina. Sin dejar de batir, incorpore el huevo poco a poco. Tamice la harina con la levadura, la canela y la nuez moscada recién rallada, e incorpórelas con una cuchara metálica en alternancia con la compota.

4. Reparta la pasta entre los moldes. Añada la cobertura y presiónela un poco con la cuchara. Cueza las magdalenas en el horno precalentado 20 minutos, o hasta que suban, se doren y se noten consistentes al tacto. Déjelas enfriar en una rejilla metálica.

2

3

3

CONGELACIÓN
Puede congelarlas hasta 2 meses en un recipiente adecuado. Descongélelas 2 o 3 horas a temperatura ambiente.

Galletas con pepitas de chocolate 68

Barritas de chocolate blanco y negro con pacanas 70

Macarons de vainilla 72

Estrellas a la canela 74

Barritas de avena con pasas 76

Galletas azucaradas 78

Bocaditos de doble chocolate 80

Galletas tradicionales de avena 82

Galletas de toffee 84

Brownies de chocolate a la canela 86

Galletas de cacahuete 88

Barritas de avena y albaricoque 90

Cuadraditos de caramelo a la sal 92

Bocaditos de nubes y chocolate 94

Galletas con pepitas de chocolate

 8 UNIDADES   PREPARACIÓN: 10 minutos  TIEMPO DE COCCIÓN: 10-12 minutos

información nutricional por unidad	353 kcal, 19 g grasas, 6 g grasas sat., 27 g azúcares, 0,5 g sal

Estas galletas tradicionales son crujientes por fuera y jugosas por dentro. Deliciosas recién salidas del horno, también se conservan bien en un recipiente hermético.

INGREDIENTES

- mantequilla sin sal derretida, para engrasar
- 175 g/1⅓ tazas de harina tamizada
- 1 cucharadita de levadura en polvo
- 115 g/1 barra de margarina derretida
- 85 g/⅓ de taza de azúcar moreno
- 55 g/¼ de taza de azúcar
- ½ cucharadita de esencia de vainilla
- 1 huevo batido
- 125 g/¾ de taza de pepitas de chocolate negro

1. Precaliente el horno a 190 °C (375 °F) y unte con mantequilla dos bandejas de horno.

2. En un bol grande, trabaje todos los ingredientes juntos hasta obtener una pasta homogénea.

3. Disponga en las bandejas cucharadas de la pasta, bien espaciadas.

4. Cueza las galletas en el horno precalentado de 10 a 12 minutos, o hasta que se doren bien. Déjalas enfriar en una rejilla metálica.

1

2

3

RICO Y DIFERENTE
Enriquezca la pasta de las galletas con frutos secos troceados, como pacanas, avellanas o almendras peladas.

Barritas de chocolate blanco y negro con pacanas

 12 UNIDADES   PREPARACIÓN: 30 minutos, más enfriado  TIEMPO DE COCCIÓN: 35-40 minutos

información nutricional por unidad: 346 kcal, 21 g grasas, 9 g grasas sat., 28 g azúcares, 0,25 g sal

Con trozos de chocolate blanco y negro y pacanas crujientes, estas tentadoras barritas son todo un capricho.

INGREDIENTES

- 40 g/3 cucharadas de mantequilla con sal, y un poco más para engrasar
- 250 g/9 oz de chocolate blanco
- 175 g/6 oz de chocolate negro
- 2 huevos grandes batidos
- 85 g/1/3 de taza de azúcar
- 115 g/1 taza de harina
- 1 1/2 cucharaditas de levadura en polvo
- 100 g/1 taza de pacanas (nueces pecán) troceadas

1. Precaliente el horno a 180 °C (350 °F). Unte con mantequilla un molde bajo cuadrado de 20 cm (8 in) de lado.

2. Ponga en un bol refractario 85 g (3 oz) del chocolate blanco y la mantequilla. Encaje el bol en la boca de un cazo con agua hirviendo a fuego lento, sin que llegue a tocarla, y caliéntelo, removiendo, hasta que se haya mezclado bien. Mientras tanto, trocee el resto del chocolate blanco y el negro.

3. Bata los huevos con el azúcar en un bol grande e incorpórelos al chocolate derretido. Tamice la harina y la levadura por encima. Añada el chocolate troceado y las pacanas. Mézclelo bien.

4. Vierta la pasta en el molde y alísela con una espátula. Cueza el pastel en el horno precalentado de 35 a 40 minutos, o hasta que se dore y empiece a notarse consistente al tacto por el centro. Déjelo en el molde hasta que se enfríe por completo y los trozos de chocolate se endurezcan. A continuación, desmóldelo y córtelo en barritas.

CONSEJO
No cueza demasiado las barritas o perderían su maravillosa textura blanda.

Macarons de vainilla

 16 UNIDADES   PREPARACIÓN: 20 minutos, más enfriado    TIEMPO DE COCCIÓN: 10-15 minutos

información nutricional por unidad	125 kcal, 5,5 g grasas, 2 g grasas sat., 17,5 g azúcares, trazas de sal

Originarios de Francia, estos bocaditos que se derriten en la boca se hacen con almendra molida, azúcar y clara de huevo.

INGREDIENTES

75 g/¾ de taza de almendra molida
115 g/1 taza de azúcar glas (impalpable)
las claras de 2 huevos grandes
50 g/¼ de taza de azúcar
½ cucharadita de esencia de vainilla

relleno

55 g/4 cucharadas de mantequilla sin sal ablandada
½ cucharadita de esencia de vainilla
115 g/1 taza de azúcar glas (impalpable) tamizado

1. Forre dos bandejas de horno con papel vegetal. Ponga la almendra molida y el azúcar glas en el robot de cocina y tritúrelo 15 segundos. Tamícelo en un bol.

2. Monte las claras de huevo a punto de nieve en un bol grande bien limpio. Sin dejar de batir, agregue el azúcar poco a poco hasta obtener unas claras consistentes y satinadas. Incorpore la esencia de vainilla.

3. Con una espátula, mezcle la almendra tamizada con las claras, en tres tandas. Cuando lo haya mezclado todo bien, siga removiendo hasta obtener una pasta satinada y espesa que, al levantar la espátula, caiga formando una cinta gruesa.

4. Introduzca la pasta en una manga pastelera con boquilla lisa de 1 cm (½ in). Disponga 32 montoncitos en las bandejas. Dé un golpe seco con las bandejas en la encimera para eliminar las burbujas de aire. Deje reposar los macarons 30 minutos a temperatura ambiente. Precaliente el horno a 160 °C (325 °F).

5. Cueza los macarons en el horno precalentado de 10 a 15 minutos. Déjelos reposar 10 minutos y luego retire el papel vegetal. Espere a que se enfríen del todo.

6. Para preparar el relleno, bata la mantequilla con la vainilla hasta que esté blanquecina y esponjosa. Incorpore el azúcar glas poco a poco, y siga batiendo hasta obtener una textura homogénea y untuosa. Junte los macarons de dos en dos con el relleno.

Estrellas de canela

 20 UNIDADES   PREPARACIÓN: 25 minutos, más refrigeración   TIEMPO DE COCCIÓN: 25 minutos

información nutricional por unidad	116 kcal, 8 g grasas, 0,6 g grasas sat., 9 g azúcares, trazas de sal

Estas graciosas galletas de avellana con canela son un bonito regalo de Navidad hecho con las propias manos.

INGREDIENTES

2 claras de huevo

175 g/1⅓ tazas de azúcar glas (impalpable), y un poco más para espolvorear

250 g/3 tazas de avellana molida tostada

1 cucharadita de canela molida

1. Monte las claras a punto de nieve en un bol bien limpio. Incorpore el azúcar y después siga batiendo hasta obtener unas claras espesas y satinadas.

2. Reserve 40 g (¼ de taza) de las mismas. Mezcle el resto con la avellana molida y la canela hasta obtener una masa consistente. Refrigérela alrededor de 1 hora.

3. Precaliente el horno a 140 °C (275 °F) y forre dos bandejas con papel vegetal. En la encimera espolvoreada con abundante azúcar glas, extienda la masa en una lámina de 1 cm (½ in) de grosor.

4. Recórtela con un cortapastas de estrella de 5 cm (2 in), espolvoreándolo con azúcar glas para que no se pegue la masa. Si fuera necesario, extienda los recortes para obtener más estrellas.

5. Disponga las galletas en las bandejas, bien espaciadas, y reparta las claras reservadas por encima.

6. Cueza las galletas en el horno precalentado 25 minutos: deben quedar crujientes por arriba, pero blancas, y algo blandas y húmedas por abajo. Apague el horno, abra la puerta para que salga el calor y deje secar las galletas dentro 10 minutos. A continuación, deje que se enfríen por completo en una rejilla metálica.

Barritas de avena con pasas

 14 UNIDADES   PREPARACIÓN: 15 minutos   TIEMPO DE COCCIÓN: 15-20 minutos

información nutricional por unidad: 147 kcal, 8 g grasas, 5 g grasas sat., 12 g azúcares, 0,15 g sal

Estas sencillas pero gustosas barritas de mantequilla están repletas de ricas pasas. Si lo desea, utilice pasas de uvas moscatel o de Corinto, o bien sustitúyalas por pepitas de chocolate negro.

INGREDIENTES

115 g/1 barra de mantequilla con sal ablandada, y un poco más para engrasar
140 g/1 1/2 tazas de copos de avena
115 g/1/2 taza de azúcar moreno
85 g/1/2 taza de pasas

1. Precaliente el horno a 190 °C (375 °F). Engrase con mantequilla un molde bajo rectangular de 28 x 18 cm (11 x 7 in) de lado.

2. Mezcle los copos de avena con el azúcar, las pasas y la mantequilla. Vierta la pasta en el molde preparado y alísela con el reverso de una cuchara. Cuézala en el horno precalentado de 15 a 35 minutos, o hasta que se dore.

3. Con un cuchillo afilado, marque las líneas de 14 barritas y déjelas enfriar 10 minutos dentro del molde. A continuación, corte las barritas y páselas a una rejilla y deje que se enfríen por completo.

2

2

3

CONSEJO SALUDABLE
Para darse un capricho sin pasarse con las calorías, corte las barritas más pequeñas.

Galletas azucaradas

 20 UNIDADES PREPARACIÓN: 20 minutos, más refrigeración TIEMPO DE COCCIÓN: 10-12 minutos

información nutricional por unidad	90 kcal, 5 g grasas, 3 g grasas sat., 3 g azúcares, trazas de sal

Crujientes, ligeras y mantecosas, con un toque de limón y azucaradas, estas galletas son perfectas.

INGREDIENTES

115 g/1 barra de mantequilla con sal ablandada, y un poco más para untar

55 g/¼ de taza de azúcar, y un poco más para espolvorear

1 cucharadita de ralladura fina de limón

1 yema de huevo

175 g/1⅓ tazas de harina, y un poco más para espolvorear

1. En un bol, bata la mantequilla con el azúcar hasta obtener una crema blanquecina y untuosa. Incorpore la ralladura y la yema. Tamice la harina por encima y remueva hasta obtener una masa. Vuélquela en la encimera y trabájela hasta que quede homogénea, añadiendo más harina si fuera necesario. Divídala en dos porciones, deles forma de bola, envuélvalas en film transparente y refrigérelas 1 hora.

2. Precaliente el horno a 180 °C (350 °F) y unte dos bandejas con un poco de mantequilla.

3. Extienda la masa en la encimera espolvoreada con harina, en una lámina de 5 mm (¼ in) de grosor. Con un cortapastas en forma de flor de 7 cm (2¾ in) de diámetro, recorte 20 galletas. Si fuera necesario, junte los recortes y vuelva a extender la masa. Disponga las galletas en las bandejas y espolvoréelas con azúcar.

4. Cueza las galletas en el horno de 10 a 12 minutos, o hasta que empiecen a dorarse. Déjalas reposar 2 o 3 minutos y después páselas a una rejilla metálica para que se enfríen del todo.

1

3

3

Bocaditos de doble chocolate

 12 UNIDADES 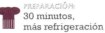 PREPARACIÓN: 30 minutos, más refrigeración  TIEMPO DE COCCIÓN: 20-25 minutos

información nutricional por unidad	480 kcal, 35 g grasas, 19 g grasas sat., 26 g azúcares, 0,8 g sal

¿Hay algo tan delicioso como dos galletas rellenas de una crema que se derrite en la boca? Esta versión con dos chocolates es sencillamente irresistible.

INGREDIENTES

200 g/1²/₃ tazas de harina
1¹/₂ cucharaditas de bicarbonato
25 g/¹/₄ de taza de cacao en polvo
1 buena pizca de sal
85 g/6 cucharadas de mantequilla con sal ablandada
85 g/¹/₃ de taza de margarina vegetal
150 g/²/₃ de taza de azúcar moreno
25 g/1 oz de chocolate negro rallado fino
1 huevo grande batido
125 ml/¹/₂ taza de leche
4 cucharadas/¹/₄ de taza de fideos de chocolate negro

relleno de chocolate blanco
175 g/6 oz de chocolate blanco troceado
2 cucharadas de leche
300 ml/1¹/₄ tazas de nata (crema) extragrasa

1. Precaliente el horno a 180 °C (350 °F) y forre tres bandejas con papel vegetal. Tamice la harina con el bicarbonato, el cacao y la sal.

2. En un bol grande, bata con las varillas eléctricas la mantequilla con la margarina, el azúcar y el chocolate rallado hasta obtener una crema blanquecina y esponjosa. Incorpore el huevo, la mitad de la harina tamizada y después la leche. Añada el resto de la harina y remueva hasta obtener una pasta homogénea.

3. Con la manga pastelera o una cuchara, disponga 24 montoncitos de pasta en las bandejas, bien espaciados porque se expandirán durante la cocción. Cueza las galletas en el horno precalentado, de bandeja en bandeja, de 10 a 12 minutos, o hasta que suban y se noten consistentes al tacto. Déjelas reposar 5 minutos y luego, con una espátula, páselas a una rejilla metálica para que se enfríen del todo.

4. Para preparar el relleno, ponga el chocolate y la leche en un bol refractario encajado en la boca de un cazo con agua hirviendo a fuego lento. Caliéntelo hasta que se derrita, removiendo de vez en cuando. Apártelo del fuego y déjelo enfriar 30 minutos. Monte la nata con las varillas eléctricas. Incorpore el chocolate derretido. Tape el relleno y refrigérelo de 30 a 45 minutos, o hasta que adquiera una consistencia untuosa.

5. Para montar los bocaditos, unte la mitad de las galletas con el relleno por la parte plana. Coloque el resto de las galletas encima. Extienda los fideos de chocolate en un plato y reboce el borde del relleno para adornarlo.

Galletas tradicionales de avena

30 UNIDADES | PREPARACIÓN: 15 minutos | TIEMPO DE COCCIÓN: 15 minutos

información nutricional por unidad: 141 kcal, 6 g grasas, 3 g grasas sat., 9 g azúcares, 0,3 g sal

Estas sencillas galletas llevan ingredientes básicos y se preparan y hornean en un santiamén.

INGREDIENTES

- 175 g/1½ barras de mantequilla con sal ablandada, y un poco más para engrasar
- 275 g/1⅓ tazas de azúcar moreno
- 1 huevo batido
- 4 cucharadas/¼ de taza de agua
- 1 cucharadita de esencia de vainilla
- 375 g/4 tazas de copos de avena
- 140 g/1 taza de harina
- 1 cucharadita de sal
- ½ cucharadita de bicarbonato

1. Precaliente el horno a 180 °C (350 °F). Engrase dos bandejas grandes.

2. En un bol, bata la mantequilla con el azúcar hasta obtener una crema blanquecina. Agregue el huevo, el agua y la vainilla, y bátalo hasta que esté homogéneo. En otro bol, mezcle la avena con la harina, la sal y el bicarbonato, e incorpórelo poco a poco a la crema de huevo hasta obtener una pasta.

3. Disponga en las bandejas de horno cucharadas colmadas de pasta, bien espaciadas entre sí.

4. Cueza las galletas en el horno precalentado 15 minutos, o hasta que se doren bien. Páselas a una rejilla metálica para que se enfríen del todo.

CONSEJO
Para que las galletas queden iguales, dosifique la pasta con una cuchara pequeña para helado.

Galletas de toffee

22 UNIDADES | **PREPARACIÓN:** 20 minutos | **TIEMPO DE COCCIÓN:** 8-10 minutos

| información nutricional por unidad | 118 kcal, 5,5 g grasas, 3 g grasas sat., 9,5 g azúcares, 0,35 g sal |

Los trozos de toffee derretido aportan a estas galletas doradas una textura sin igual.

INGREDIENTES

- 115 g/1 barra de mantequilla con sal ablandada
- 175 g/¾ de taza de azúcar moreno
- 1 huevo grande batido
- 1 cucharadita de esencia de vainilla
- 200 g/1⅔ tazas de harina
- 1 cucharadita de bicarbonato
- 2¼ cucharaditas de levadura en polvo
- 10 caramelos de toffee troceados

1. Precaliente el horno a 180 °C (350 °F) y forre tres bandejas con papel vegetal.

2. Bata la mantequilla con el azúcar en un bol hasta obtener una crema. Incorpore el huevo y la vainilla. Tamice por encima la harina, el bicarbonato y la levadura, e incorpórelos con suavidad. Agregue los caramelos de toffee troceados y remueva.

3. Disponga en las bandejas de horno cucharadas colmadas de pasta, bien espaciadas entre sí.

4. Cueza las galletas en el horno precalentado de 8 a 10 minutos, o hasta que empiecen a dorarse. Déjelas enfriar en las bandejas y retire el papel.

CONSEJO
Deje los caramelos en un lugar cálido unos 30 minutos antes de trocearlos, para que se ablanden un poco.

Brownies de chocolate a la canela

 16 UNIDADES PREPARACIÓN: 40 minutos, más enfriado 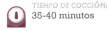 TIEMPO DE COCCIÓN: 35-40 minutos

información nutricional por unidad: 348 kcal, 19 g grasas, 9 g grasas sat., 29 g azúcares, 0,3 g sal

Los brownies de chocolate son fáciles de hacer, se conservan bien y gustan a todo el mundo. Esta versión lleva pacanas, un poco de canela molida y una dulce cobertura de chocolate blanco.

INGREDIENTES

200 g/1¾ barras de mantequilla con sal, y un poco más para engrasar
115 g/4 oz de chocolate negro troceado
85 g/1 taza de pacanas (nueces pecán) en mitades
250 g/1¼ tazas de azúcar
4 huevos batidos
225 g/1¾ tazas de harina
2 cucharaditas de canela molida
55 g/2 oz de chocolate blanco troceado
2 cucharadas de leche
115 g/1 taza de azúcar glas (impalpable)

1. Precaliente el horno a 180 °C (350 °F). Unte con un poco de mantequilla un molde bajo cuadrado de 23 cm (9 in) de lado.

2. Derrita el chocolate negro con 175 g (1½ barras) de la mantequilla en un bol refractario encajado en la boca de un cazo con agua hirviendo a fuego lento, sin que llegue a tocarla. Apártelo del fuego y deje que se enfríe un poco.

3. Reserve 16 medias pacanas para adornar y pique el resto. Con las varillas eléctricas, bata el azúcar con el huevo hasta obtener una crema espesa. Incorpore el chocolate derretido, la harina, la canela y las pacanas picadas.

4. Vierta la pasta en el molde y cueza el pastel en el horno precalentado de 35 a 40 minutos, o hasta que empiece a notarse consistente al tacto. Déjelo enfriar en el molde.

5. Derrita el resto de la mantequilla con el chocolate blanco en un bol refractario encajado en la boca de un cazo con agua hirviendo a fuego lento. Aparte el cazo del fuego e incorpore la leche y el azúcar glas. Cuando el pastel esté frío, extienda la cobertura por encima. Déjela cuajar 30 minutos y después corte el pastel en 16 cuadraditos. Adorne los brownies con media pacana cada uno.

Galletas de cacahuete

 15 UNIDADES
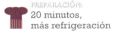 PREPARACIÓN: 20 minutos, más refrigeración
 TIEMPO DE COCCIÓN: 15 minutos

información nutricional por unidad	260 kcal, 15 g grasas, 6 g grasas sat., 16 g azúcares, 0,5 g sal

Con un delicioso sabor a cacahuete y mantequilla, estas sencillas galletas están buenísimas con un vaso de leche fría.

INGREDIENTES

175 g/1 1/3 tazas de harina
1/2 cucharadita de levadura en polvo
1/2 cucharadita de sal
225 g/1 taza de crema de cacahuete (maní, cacahuate) fina
115 g/1 barra de mantequilla con sal ablandada
1 1/4 cucharaditas de esencia de vainilla
115 g/1/2 taza de azúcar moreno
100 g/1/2 taza de azúcar
2 huevos

1. Tamice la harina con la levadura y la sal en un bol y resérvela. En otro bol, bata la crema de cacahuete con la mantequilla y la vainilla hasta que adquiera una textura homogénea. Añada los dos tipos de azúcar y siga batiendo 1 minuto más. A continuación, incorpore los huevos de uno en uno. Agregue la harina tamizada en dos tandas.

2. Divida la masa en dos partes, deles forma de bola, envuélvalas en film transparente y refrigérelas al menos 2 horas. Mientras tanto, precaliente el horno a 180 °C (350 °F). Forre dos bandejas con papel vegetal o déjelas sin tapar ni engrasar.

3. Modele la masa con las manos o una cuchara en bolitas de 4 cm (1 1/2 in) y repártalas entre las bandejas, bien espaciadas. Con un tenedor, aplánelas marcándolas con forma de rejilla. Cueza las galletas en el horno precalentado 15 minutos, o hasta que se doren. Sáquelas del horno y déjelas reposar 5 minutos en las bandejas. Con una espátula, páselas a una rejilla metálica y deje que se enfríen del todo.

1

2

3

ANTICÍPESE
Prepare la pasta de las galletas, envuélvala y refrigérela 2 o 3 días antes de hornearla.

Barritas de avena y albaricoque

 10 UNIDADES   PREPARACIÓN: 15 minutos  TIEMPO DE COCCIÓN: 20-25 minutos

| información nutricional por unidad | 296 kcal, 17 g grasas, 3,5 g grasas sat., 18 g azúcares, 0,3 g sal |

Las barritas de cereales son muy fáciles de hacer y están mucho más ricas que las compradas. Ideales para llevar o como tentempié rico en fibra, estas están enriquecidas con albaricoque, miel y sésamo.

INGREDIENTES

175 g/1½ barras de margarina, y un poco más para engrasar

85 g/⅓ de taza de azúcar moreno

55 g/¼ de taza de miel

140 g/1 taza de orejones de albaricoque (damasco) picados

2 cucharaditas de semillas de sésamo

225 g/2½ tazas de copos de avena

1. Precaliente el horno a 180 °C (350 °F). Engrase un molde bajo rectangular de 26 x 17 cm (10½ x 6½ in) de lado.

2. Derrita la margarina con el azúcar y la miel en un cazo a fuego lento, sin dejar que hierva. Cuando los ingredientes estén calientes y bien mezclados, incorpore los orejones, el sésamo y la avena.

3. Vierta la pasta en el molde y alísela con el dorso de una cuchara. Cuézala en el horno de 20 a 25 minutos, o hasta que se dore.

4. Sáquela del horno, córtela en 10 barritas y déjelas enfriar del todo antes de desmoldarlas.

2

2

3

CONSEJO
Recién salidas del horno, las barritas aún estarán tiernas. Al enfriarse, se endurecerán.

Cuadraditos de caramelo a la sal

 16 UNIDADES  PREPARACIÓN: 30 minutos, más refrigeración   TIEMPO DE COCCIÓN: 15 minutos

información nutricional por unidad: 356 kcal, 21 g grasas, 12 g grasas sat., 29 g azúcares, 0,5 g sal

Al añadir un poco de sal al caramelo, estos dulces adquieren un toque moderno.

INGREDIENTES

115 g/1 barra de mantequilla con sal ablandada, y un poco más para engrasar
55 g/¼ de taza de azúcar
175 g/1⅓ tazas de harina
55 g/½ taza de almendra molida

cobertura
175 g/1½ barras de mantequilla con sal
115 g/½ taza de azúcar
3 cucharadas de jarabe de maíz (elote, choclo)
400 ml/14 oz de leche condensada
¼ de cucharadita de sal marina
85 g/3 oz de chocolate negro derretido

1. Precaliente el horno a 180 °C (350 °F). Unte con un poco de mantequilla un molde bajo cuadrado de 20 cm (9 in) de lado.

2. Bata la mantequilla con el azúcar en un bol hasta que esté blanquecina y cremosa. Añada la harina y la almendra. Con las manos bien limpias, trabaje los ingredientes hasta obtener una pasta grumosa. Pásela al molde, extendiéndola bien con las manos, y pínchela varias veces. Cueza el pastel en el horno 15 minutos, o hasta que empiece a tomar color. Deje que se enfríe.

3. Para preparar la cobertura, caliente a fuego lento la mantequilla con el azúcar, el jarabe de maíz y la leche condensada en un cazo de base gruesa hasta que el azúcar se haya disuelto. Suba el fuego a temperatura moderada, lleve el caramelo a ebullición y cuézalo de 6 a 8 minutos, sin dejar de remover, hasta que se espese. Incorpore la mitad de la sal y viértalo sobre el pastel. Esparza la sal restante por encima.

4. Introduzca el chocolate derretido en una manga pastelera de papel y córtele la punta. Repártalo por encima del caramelo y, con la punta de un cuchillo, forme remolinos. Déjelo enfriar y refrigérelo 2 horas, o hasta que esté consistente. Córtelo en 16 cuadraditos.

2
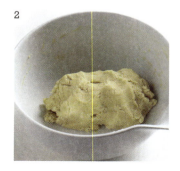

3

4

CONSEJO
Para preparar el caramelo es imprescindible utilizar un cazo de base gruesa y remover sin parar para que no se queme.

Bocaditos de nubes y chocolate

 15 UNIDADES 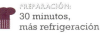 PREPARACIÓN: 30 minutos, más refrigeración 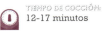 TIEMPO DE COCCIÓN: 12-17 minutos

información nutricional por unidad	371 kcal, 20 g grasas, 12 g grasas sat., 30 g azúcares, 0,4 g sal

Estos bocaditos de chocolate rellenos de confitura de naranja y nubes de azúcar desaparecerán sin que se dé ni cuenta.

INGREDIENTES

225 g/2 barras de mantequilla con sal ablandada
140 g/²⁄₃ de taza de azúcar
2 cucharaditas de ralladura fina de naranja
1 yema de huevo un poco batida
250 g/2 tazas de harina
25 g/¼ de taza de cacao en polvo
½ cucharadita de canela molida
1 pizca de sal
30 nubes de azúcar amarillas partidas a lo largo
300 g/10 oz de chocolate negro troceado
4 cucharadas/¼ de taza de confitura de naranja
15 mitades de nueces, para adornar

1. Bata la mantequilla con el azúcar y la ralladura de naranja en un bol grande hasta obtener una crema blanquecina y esponjosa, y después incorpore la yema de huevo. Tamice por encima la harina, el cacao, la canela y la sal, y remueva hasta obtener una masa. Divídala en dos partes, deles forma de bola, envuélvalas en film transparente y refrigérelas de 30 a 60 minutos.

2. Precaliente el horno a 190 °C (375 °F) y forre varias bandejas con papel vegetal. Desenvuelva la masa y extienda cada porción entre dos hojas de papel vegetal. Recorte 30 galletas con un cortapastas acanalado de 6 cm (2½ in) de diámetro y dispóngalas bien espaciadas en las bandejas. Cuézalas en el horno precalentado de 10 a 15 minutos. Déjelas enfriar 5 minutos. Deles la vuelta a la mitad de las galletas y ponga cuatro medias nubes de azúcar sobre cada una. Cuézalas un par de minutos más en el horno. Déjelas enfriar 30 minutos en unas rejillas metálicas.

3. Ponga el chocolate en un bol refractario encajado en la boca de un cazo con agua hirviendo a fuego lento, sin que llegue a tocarla, y espere a que se derrita. Forre una bandeja de horno con papel vegetal. Unte la otra mitad de las galletas con la confitura de naranja y colóquelas encima de las que están cubiertas de nubes de azúcar. Sumerja los bocaditos en el chocolate derretido. Adórnelos con media nuez cada uno y deje que se seque el chocolate.

Tarta de manzana 98

Pan de cinco semillas 100

Tarta de lima 102

Pan de molde integral 104

Tarta de calabaza 106

Tarta de limón con merengue 108

Pan de molde 110

Tarta enrejada de cereza 112

Pan de masa madre 114

Caracolas de pasas y canela 116

Panecillos 118

Hojaldres de manzana 120

Pan de maíz 122

Tarta de crema de coco 124

Tartas y panes

Tarta de manzana

 6 RACIONES   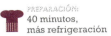 PREPARACIÓN: 40 minutos, más refrigeración   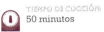 TIEMPO DE COCCIÓN: 50 minutos

información nutricional por ración	567 kcal, 28 g grasas, 13,5 g grasas sat., 32 g azúcares, 0,5 g sal

Con una corteza dorada rellena hasta los topes de manzana, azúcar y un toque de canela: ¡seguro que no ha probado una tarta de manzana igual!

INGREDIENTES

masa

350 g/2¾ tazas de harina, y un poco más para espolvorear

1 pizca de sal

85 g/6 cucharadas de mantequilla o margarina con sal en dados

85 g/⅓ de taza y 1 cucharada de manteca o margarina vegetal en dados

6 cucharadas de agua fría

huevo batido o leche, para pintar

relleno

750 g-1 kg/1¾-2¼ lb de manzanas grandes para asar, peladas, sin el corazón y en cuñas

125 g/⅔ de taza de azúcar, y un poco más para espolvorear

½-1 cucharadita de canela, mezcla de especias para tarta de manzana o jengibre molido

1. Para preparar la masa, tamice la harina y la sal en un bol. Incorpore la mantequilla y la manteca con los dedos hasta que adquiera una textura parecida a la del pan rallado. Añada el agua y trabaje los ingredientes para compactar la masa. Envuélvala en film transparente y déjela en la nevera 30 minutos.

2. Precaliente el horno a 220 °C (425 °F). Espolvoree la encimera con un poco de harina y extienda al menos dos tercios de la masa en una lámina fina. Forre con ella una fuente honda para tarta de 23 cm (9 in) de diámetro.

3. Para preparar el relleno, ponga la manzana, el azúcar y las especias en un bol y mézclelo bien. Rellene la base de la tarta con la manzana; el relleno puede quedar a ras del borde. Si fuera necesario, sobre todo si las manzanas fueran poco jugosas, añada 1 o 2 cucharadas de agua.

4. Vuelva a espolvorear la encimera con un poco de harina y extienda el resto de la masa en un redondel para cubrir el relleno. Humedezca los bordes de la masa de la base con agua y extienda por encima el otro redondel, presionando bien los bordes. Recorte el sobrante de masa y pellizque el borde para sellarla. Con los restos de la masa, forme unas hojas u otros adornos. Humedézcalos y péguelos. Pinte la tarta con huevo batido, hágale un par de incisiones en la parte superior y pásela a la bandeja del horno.

5. Cueza la tarta en el horno precalentado 20 minutos, baje la temperatura a 180 °C (350 °F) y cuézala otros 30 minutos, o hasta que empiece a dorarse. Sírvala caliente o fría, espolvoreada con azúcar.

Pan de cinco semillas

 PARA
1 pan

 PREPARACIÓN:
20 minutos,
más leudado

 TIEMPO DE COCCIÓN:
25-30 minutos

información nutricional por pan	2544 kcal, 84 g grasas, 12 g grasas sat., 24 g azúcares, 4,8 g sal

Enriquecido con nutritivas semillas y hecho con harina integral, este pan es muy rico en fibra.

INGREDIENTES

2 cucharadas de aceite de girasol, y un poco más para engrasar

300 g/2¼ tazas de harina integral, y un poco más para espolvorear

225 g/1⅔ tazas de harina blanca para pan

1 cucharadita de sal

100 g/⅔ de taza de semillas variadas, como sésamo, calabaza (zapallo anco) y girasol, cáñamo y linaza

2¼ cucharaditas de levadura seca de panadería

1 cucharada de azúcar moreno

300 ml/1¼ tazas de agua templada

1. Engrase con aceite la bandeja del horno. Ponga en un bol grande las harinas, la sal, las semillas y la levadura, y mézclelos. Incorpore el azúcar. Mezcle el aceite con el agua. Haga un hoyo en el centro de los ingredientes secos y vierta dentro los líquidos. Mézclelo todo con la punta del cuchillo hasta obtener una pasta fina y pegajosa.

2. Vuelque la masa en la encimera espolvoreada con un poco de harina y trabájela de 5 a 7 minutos, hasta que quede homogénea y elástica. Dele forma de óvalo y póngalo en la bandeja. Espolvoree el pan con harina integral y déjelo leudar en un lugar cálido de 1 a 1½ horas, o hasta que doble su volumen.

3. Mientras tanto, precaliente el horno a 220 °C (425 °F). Cueza el pan en el horno precalentado 5 minutos. Baje la temperatura a 200 °C (400 °F) y hornéelo de 20 a 25 minutos más, o hasta que se dore y suene a hueco al darle unos golpecitos en la base con los nudillos. Déjelo enfriar en una rejilla metálica.

1

2

3

RICO Y DIFERENTE
Para hacer panecillos, divida la masa en 12 porciones, deles forma de bola y cuézalas de 10 a 15 minutos en el horno precalentado a 200 °C (400 °F).

Tarta de lima

 8 RACIONES  PREPARACIÓN: 30 minutos, más refrigeración  TIEMPO DE COCCIÓN: 20 minutos

información nutricional por ración: 377 kcal, 19 g grasas, 10 g grasas sat., 33 g azúcares, 0,7 g sal

Esta tarta, dulce y refrescante, es originaria de los cayos de Florida, donde se cultivan las limas que constituyen su principal ingrediente.

INGREDIENTES

masa
175 g/6 oz de galletas integrales o de jengibre
2 cucharadas de azúcar
1/2 cucharadita de canela molida
70 g/5 cucharadas de mantequilla con sal derretida, y un poco más para engrasar

relleno
400 ml/14 oz de leche condensada
125 ml/1/2 taza de zumo (jugo) de lima (limón) recién exprimido
la ralladura fina de 3 limas (limones) y 4 yemas de huevo
nata (crema) montada, para la cobertura

1. Precaliente el horno a 160 °C (325 °F). Unte con un poco de mantequilla un molde para tarta de 23 cm (9 in) de diámetro y unos 4 cm (1 1/2 in) de hondo. Para preparar la masa, triture las galletas con el azúcar y la canela en el robot de cocina hasta que adquieran una consistencia arenosa, no demasiado fina. Añada la mantequilla derretida y triture hasta obtener una pasta.

2. Pase la pasta al molde y presiónela contra la base y los laterales. Coloque el molde en la bandeja y cueza la base de la tarta en el horno precalentado 5 minutos. Mientras tanto, para preparar el relleno, mezcle bien en un bol la leche condensada con el zumo y la ralladura de lima y las yemas de huevo.

3. Saque el molde del horno, vierta el relleno en la base y extiéndalo hacia los bordes. Cueza la tarta en el horno 15 minutos más, o hasta que el relleno cuaje por los bordes pero aún esté gelatinoso por el centro. Deje enfriar del todo la tarta en una rejilla metálica y después tápela y refrigérela al menos 2 horas. Extienda una capa gruesa de nata montada por encima y sírvala.

1

2

3

RICO Y DIFERENTE
En lugar de nata, recubra la tarta con merengue y dórelo unos segundos en el horno precalentado.

Pan de molde integral

 PARA
1 pan

 PREPARACIÓN:
20 minutos,
más leudado

 TIEMPO DE COCCIÓN:
30 minutos

información nutricional por pan	1024 kcal, 27 g grasas, 3 g grasas sat., 34 g azúcares, 5 g sal

Hecho con harina integral, que contiene germen de trigo, este pan es más rico en sabor, fibra y nutrientes que el blanco.

INGREDIENTES

225 g/1²/₃ tazas de harina integral, y un poco más para espolvorear
1 cucharada de leche en polvo
1 cucharadita de sal
2 cucharadas de azúcar moreno
1 cucharadita de levadura seca de panadería
1¹/₂ cucharadas de aceite de girasol, y un poco más para engrasar
175 ml/³/₄ de taza de agua templada

1. En un bol grande, ponga la harina, la leche, la sal, el azúcar y la levadura. Vierta el aceite y después el agua, y mézclelo bien hasta que esté homogéneo.

2. Vuelque la masa en la encimera espolvoreada con un poco de harina y amásela bien unos 10 minutos. Engrase un bol con aceite. Forme una bola con la masa, póngala en el bol y tápela con un paño húmedo. Déjela leudar en un lugar cálido 1 hora, o hasta que doble su volumen.

3. Precaliente el horno a 220 °C (425 °F) y engrase un molde rectangular de 23 cm (9 in) de lado. Vuelque la masa en la encimera espolvoreada con harina y trabájela 1 minuto más. Dele la forma del largo del molde y tres veces el ancho. Doble la masa en tres a lo largo y dispóngala en el molde con el doblez hacia abajo. Tápela y déjela reposar en un lugar cálido 30 minutos, hasta que haya subido y rebasado la altura del molde.

4. Cueza el pan en el horno precalentado 30 minutos, o hasta que esté consistente y dorado. Para comprobar que esté hecho, dele unos golpecitos en la base con los nudillos: debería sonar a hueco. Déjelo enfriar en una rejilla metálica.

Tarta de calabaza

 8 RACIONES   PREPARACIÓN: 25 minutos   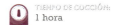 TIEMPO DE COCCIÓN: 1 hora

información nutricional por ración	630 kcal, 42 g grasas, 21 g grasas sat., 33 g azúcares, 0,98 g sal

En Estados Unidos, esta tarta de calabaza suele servirse el Día de Acción de Gracias, pero como está tan rica apetece en cualquier época del año.

INGREDIENTES

harina, para espolvorear
1 lámina de masa quebrada, descongelada si fuera necesario
400 g/15 oz de puré de calabaza (zapallo anco) en conserva
2 huevos un poco batidos
150 g/¾ de taza de azúcar
1 cucharadita de canela molida
½ cucharadita de jengibre molido
¼ de cucharadita de clavo molido
½ cucharadita de sal
350 ml/12 oz de leche evaporada

nata montada al brandy
350 ml/1½ tazas de nata (crema) extragrasa
70 g/½ taza de azúcar glas (impalpable)
1 cucharada de brandy, o al gusto
1 cucharada de ron blanco o negro, o al gusto
nuez moscada recién rallada, para adornar

1. Precaliente el horno a 200 °C (400 °F). Espolvoree la encimera y el rodillo con un poco de harina y extienda la masa en un redondel de 30 cm (12 in) de diámetro. Forre un molde hondo de 23 cm (9 in) con la masa y recorte la que sobresalga por el borde. Tápela con papel vegetal y distribuya por encima unas bolitas de cerámica para repostería o unas legumbres secas.

2. Cueza la base de la tarta en el horno precalentado 10 minutos. Sáquela del horno y retire las bolitas y el papel. Baje la temperatura a 180 °C (350 °F).

3. Mientras tanto, mezcle en un bol el puré de calabaza con el huevo, el azúcar, la canela, el jengibre, el clavo y la sal, y luego incorpore la leche evaporada. Extienda la pasta en la base y cueza la tarta en el horno de 40 a 50 minutos, hasta que el relleno haya cuajado y, al clavar en el centro la punta de un cuchillo, salga limpia. Pase la tarta a una rejilla y deje que se enfríe por completo.

4. Mientras la tarta se está horneando, prepare la nata montada. En un bol, bata la nata hasta que esté espesa y adquiera volumen. Cuando empiece a ganar cuerpo, tamice el azúcar por encima y siga batiendo hasta que esté consistente. Añada el brandy y el ron y siga batiendo, pero no demasiado porque la nata se podría cortar. Tápela y refrigérela. Antes de servir la tarta, ralle un poco de nuez moscada sobre la nata montada. Sirva las porciones con una cucharada de nata encima.

Tarta de limón con merengue

 8 RACIONES  PREPARACIÓN: 40 minutos, más refrigeración   TIEMPO DE COCCIÓN: 55 minutos

información nutricional por ración	300 kcal, 12 g grasas, 6,5 g grasas sat., 27 g azúcares, 0,25 g sal

Lo mejor de esta tarta tradicional es que la base y el merengue combinan a la perfección con el relleno de limón, exquisitamente ácido.

INGREDIENTES

masa
150 g/1 taza y 2 cucharadas de harina, y un poco más para espolvorear
85 g/6 cucharadas de mantequilla con sal en dados, y un poco más para engrasar
35 g/¼ de taza de azúcar glas (impalpable) tamizado
la ralladura fina de ½ limón
½ yema de huevo batida
1½ cucharadas de leche

relleno
3 cucharadas de maicena
300 ml/1¼ tazas de agua
el zumo (jugo) y la ralladura de 2 limones
175 g/1 taza de azúcar
2 huevos, con las yemas y las claras separadas

1. Para preparar la masa, tamice la harina en un bol. Incorpore la mantequilla con los dedos hasta que adquiera una textura parecida a la del pan rallado. Añada el resto de los ingredientes de la masa. Vuélquela en la encimera espolvoreada con harina y trabájela un poco. Envuélvala en film transparente y refrigérela 30 minutos.

2. Precaliente el horno a 180 °C (350 °F). Unte con mantequilla un molde para tarta de 20 cm (8 in) de diámetro. En la encimera espolvoreada con un poco de harina, extienda la masa en una lámina de 5 mm (¼ in); forre con ella la base y los laterales del molde. Pinche la base con un tenedor, fórrela con papel vegetal y distribuya por encima unas bolitas de cerámica para repostería o unas legumbres secas. Cueza la base de la tarta en el horno precalentado 15 minutos. Sáquela del horno y retire las bolitas y el papel. Baje la temperatura a 150 °C (300 °F).

3. Para preparar el relleno, disuelva la maicena en un poco de agua. Eche el resto del agua en un cazo. Agregue el zumo y la ralladura de limón, y después la maicena diluida. Llévelo a ebullición sin dejar de remover y hiérvalo 2 minutos. Déjelo enfriar un poco. Incorpore 5 cucharadas (⅓ de taza) del azúcar y las yemas, y extienda el relleno en la base de la tarta.

4. En un bol bien limpio, monte las claras a punto de nieve. Sin dejar de batir, añada el azúcar restante poco a poco. Extienda las claras montadas sobre la tarta. Cuézala 40 minutos más. Sáquela del horno, déjela enfriar y sírvala.

Pan de molde

 PARA
1 pan

 PREPARACIÓN:
20 minutos,
más leudado

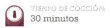 TIEMPO DE COCCIÓN:
30 minutos

información nutricional por pan	2123 kcal, 42 g grasas, 18 g grasas sat., 17 g azúcares, 7,7 g sal

Hacer pan en casa es un pasatiempo gratificante y provechoso. Si tiene poca práctica, empiece por este sencillo pan de molde.

INGREDIENTES

- 1 huevo
- 1 yema de huevo
- 150-200 ml/²/₃-1 taza de agua templada
- 500 g/3²/₃ tazas de harina, y un poco más para espolvorear
- 1½ cucharaditas de sal
- 2 cucharaditas de azúcar
- 1 cucharadita de levadura seca de panadería
- 2 cucharadas de mantequilla con sal en dados
- aceite de girasol, para engrasar

1. Ponga el huevo y la yema en un bol, y bátalo un poco. Añada agua templada hasta obtener 300 ml (1¼ tazas) de líquido. Remueva bien.

2. Ponga la harina, la sal, el azúcar y la levadura en un bol grande. Añada la mantequilla e incorpórela con los dedos hasta que adquiera una textura parecida a la del pan rallado. Haga un hoyo en el centro, agregue la mezcla de huevo y elabore una masa de consistencia suave.

3. Vuelque la masa en la encimera espolvoreada con un poco de harina y amásela bien unos 10 minutos. Engrase un bol con aceite. Forme una bola con la masa, póngala en el bol y tápela con un paño húmedo. Déjela leudar en un lugar cálido 1 hora, hasta que doble su volumen. Precaliente el horno a 220 °C (425 °F) y engrase un molde rectangular de 23 cm (9 in) de lado. Vuelque la masa en la encimera espolvoreada con harina y trabájela 1 minuto más. Dele la forma del largo del molde y tres veces el ancho. Doble la masa en tres a lo largo y dispóngala en el molde con el doblez hacia abajo. Tápela y déjela reposar en un lugar cálido 30 minutos, hasta que haya subido y rebasado la altura del molde.

4. Cueza el pan en el horno precalentado 30 minutos, o hasta que esté consistente y dorado. Para comprobar que esté hecho, dele unos golpecitos en la base con los nudillos: debería sonar a hueco. Déjelo enfriar en una rejilla metálica.

Tarta enrejada de cereza

 8 RACIONES 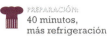 PREPARACIÓN: 40 minutos, más refrigeración  TIEMPO DE COCCIÓN: 45 minutos

información nutricional por ración	345 kcal, 12,5 g grasas, 7,5 g grasas sat., 37 g azúcares, 0,4 g sal

Esta llamativa tarta está rellena de jugosas cerezas en un almíbar con sabor a almendra y aguardiente.

INGREDIENTES

masa

140 g/1 taza y 2 cucharadas de harina, y un poco más para espolvorear

¼ de cucharadita de levadura en polvo, ½ de pimienta de Jamaica molida y ½ de sal

50 g/¼ de taza de azúcar

55 g/4 cucharadas de mantequilla sin sal fría y en dados, y un poco más para engrasar

1 huevo batido, y un poco más para pintar

relleno

900 g/2 lb de cerezas frescas sin el hueso (carozo) o de cerezas en conserva escurridas

150 g/¾ de taza de azúcar

½ cucharadita de esencia de almendra, 2 de aguardiente de cereza y ¼ de pimienta de Jamaica molida

2 cucharadas de maicena

2 cucharadas de agua

25 g/2 cucharadas de mantequilla sin sal derretida

helado, para acompañar

1. Para preparar la masa, tamice en un bol grande la harina con la levadura. Añada la pimienta, la sal y el azúcar. Incorpore la mantequilla con los dedos hasta que adquiera una textura parecida a la del pan rallado, haga un hoyo en el centro, vierta el huevo y trabájelo todo hasta ligar la masa. Divídala en dos y forme una bola con cada parte. Envuélvalas en film transparente y refrigérelas 30 minutos.

2. Precaliente el horno a 220 °C (425 °F). Engrase un molde desmontable de 23 cm (9 in) de diámetro. Espolvoree la encimera con harina y extienda la masa en dos redondeles de 30 cm (12 in) de diámetro. Con uno, forre el molde.

3. Para preparar el relleno, ponga la mitad de las cerezas y todo el azúcar en una cazuela. Llévelo a ebullición a fuego lento e incorpore la esencia de almendra, el aguardiente y la pimienta. En un bol, haga una pasta con la maicena y el agua. Eche la pasta en la cazuela y deje hervir el relleno hasta que se espese. Añada el resto de las cerezas, extienda el relleno en la base de la tarta y reparta la mantequilla en forma de nueces por encima. Corte el otro redondel de masa en tiras de 1 cm (½ in) de ancho. Coloque las tiras sobre el relleno, cruzándolas para que formen un enrejado. Recorte los bordes y píntelos con agua. Pellizque bien los bordes con los dedos para sellar la rejilla y píntela con huevo.

4. Tape la tarta con papel de aluminio y cuézala 30 minutos en el horno precalentado. Sáquela del horno, retire el papel de aluminio y cuézala 15 minutos más, o hasta que se dore. Sírvala con helado.

Pan de masa madre

 2 panes

 PREPARACIÓN: 30 minutos, más fermentación y leudado

 TIEMPO DE COCCIÓN: 30 minutos

información nutricional por pan | 1302 kcal, 23 g grasas, 5 g grasas sat., 49 g azúcares, 10,3 g sal

Piense que, para hacer esta hogaza, hay que preparar la masa madre con unos días de antelación.

INGREDIENTES

450 g/3¾ tazas de harina integral
4 cucharaditas de sal
350 ml/1½ tazas de agua templada
2 cucharadas de melaza (miel de caña)
1 cucharada de aceite vegetal, y un poco más para pintar
harina, para espolvorear

masa madre
85 g/¾ de taza de harina integral
85 g/⅔ de taza de harina
55 g/¼ de taza de azúcar
250 ml/1 taza y 1 cucharada de leche

1. Para preparar la masa madre, ponga las harinas, el azúcar y la leche en un bol que no sea metálico y bátalo bien con un tenedor. Tápela con un paño húmedo y déjela a temperatura ambiente 4 o 5 días, o hasta que espume y huela a ácido.

2. Tamice la harina y la mitad de la sal en un bol, y añada el agua, la melaza, el aceite y la masa madre. Remueva con una cuchara de madera hasta que la masa comience a ligarse. Luego, trabájela con las manos hasta que se desprenda del bol. Vuélquela en la encimera espolvoreada con un poco de harina y trabájala 10 minutos, o hasta que quede homogénea y elástica.

3. Pinte un bol con aceite. Forme una bola con la masa, póngala en el bol y métalo en una bolsa de plástico o tápelo con un paño húmedo. Deje leudar la masa en un lugar cálido 2 horas, o hasta que doble su volumen.

4. Espolvoree dos bandejas de horno con harina. Diluya la sal restante en 4 cucharadas (¼ de taza) de agua. Vuelque la masa en la encimera espolvoreada con harina, golpéela con el puño para eliminar el aire y después trabájela 10 minutos. Divídala en dos partes, deles forma de óvalo y póngalos en una bandeja cada uno. Pinte el pan con la sal diluida y déjelo reposar en un lugar cálido, pintándolo a menudo, 30 minutos.

5. Precaliente el horno a 220 °C (425 °F). Pinte el pan con la sal diluida restante y hornéelo 30 minutos, o hasta que la corteza se dore y suene a hueco al darle unos golpecitos en la base con los nudillos. Si fuera necesario prolongar la cocción, baje la temperatura a 190 °C (375 °F). Deje enfriar el pan en unas rejillas metálicas.

Caracolas de pasas y canela

 12 UNIDADES PREPARACIÓN: 1 hora, más leudado  TIEMPO DE COCCIÓN: 20-30 minutos

| información nutricional por unidad | 170 kcal, 8 g grasas, 5 g grasas sat., 9 g azúcares, 0,3 g sal |

Estas pastas danesas están muy ricas recién salidas del horno, para darse un capricho a media mañana.

INGREDIENTES

225 g/1 2/3 tazas de harina blanca para pan
1/2 cucharadita de sal
2 1/4 cucharaditas de levadura seca de panadería
2 cucharadas de mantequilla en trocitos, y un poco más para engrasar
1 huevo un poco batido
125 ml/1/2 taza de leche templada
2 cucharadas de jarabe de arce, para pintar

relleno
4 cucharadas de mantequilla ablandada
2 cucharaditas de canela molida
50 g/1/4 de taza de azúcar moreno
50 g/1/3 de taza de pasas de Corinto

1. Engrase la bandeja del horno.

2. Tamice la harina y la sal en un bol. Agregue la levadura. Incorpore la mantequilla con los dedos hasta que adquiera una textura parecida a la del pan rallado. Agregue el huevo y la leche, y siga trabajando los ingredientes hasta ligar la masa.

3. Forme una bola con la masa, póngala en un bol engrasado, tápela con film transparente y déjela leudar en un lugar cálido unos 40 minutos, o hasta que doble su volumen. Amásela 1 minuto y extiéndala con el rodillo en un rectángulo de 30 x 23 cm (12 x 9 in).

4. Para preparar el relleno, bata la mantequilla con la canela y el azúcar hasta que quede blanquecina y esponjosa. Extienda el relleno sobre la masa, dejando un reborde de 2,5 cm (1 in). Distribuya las pasas por encima.

5. Enrolle la masa a partir de uno de los extremos largos, de modo que quede prieta. Corte el cilindro en 12 rodajas. Colóquelas en la bandeja preparada, tápelas y déjelas reposar 30 minutos.

6. Mientras tanto, precaliente el horno a 190 °C (375 °F). Cueza las caracolas en el horno de 20 a 30 minutos, o hasta que hayan subido. Píntelas con el jarabe de arce y deje que se enfríen un poco antes de servirlas.

Panecillos

 12 UNIDADES   PREPARACIÓN: 30 minutos, más leudado 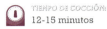 TIEMPO DE COCCIÓN: 12-15 minutos

| información nutricional por unidad | 173 kcal, 7 g grasas, 4 g grasas sat., 2 g azúcares, 0,3 g sal |

Sirva estos panecillos crujientes recién salidos del horno, como guarnición de un cuenco de sopa humeante.

INGREDIENTES

- 125 ml/½ taza de leche
- 4 cucharadas/¼ de taza de agua
- 5 cucharadas de mantequilla ablandada, y un poco más para engrasar
- 350 g/2½ tazas de harina para pan, y un poco más para espolvorear
- 2¼ cucharaditas de levadura seca de panadería
- 1 cucharada de azúcar
- ½ cucharadita de sal
- 1 huevo grande batido
- aceite de girasol, para engrasar

1. Caliente la leche con el agua y 2 cucharadas de la mantequilla en un cazo a 43-45 °C (110-120 °F). Ponga la harina, la levadura, el azúcar y la sal en un bol, remueva y haga un hoyo en el centro. Poco a poco, añada 6 cucharadas (⅓ de taza) de la leche calentada. A continuación, eche el huevo y bata los ingredientes, incorporando la harina de los lados. Añada el resto de la leche a cucharadas hasta ligar la masa.

2. Engrase un bol y resérvelo. Vuelque la masa en la encimera espolvoreada con un poco de harina y trabájela de 8 a 10 minutos, o hasta que quede homogénea y elástica. Dele forma de bola, pásela por el bol engrasado, tápela con film transparente y resérvela 1 hora, o hasta que doble su volumen.

3. Vuelva a volcar la masa en la encimera espolvoreada con harina y golpéela con los nudillos para retirar el aire. Tápela con el bol boca abajo y déjela reposar 10 minutos. Mientras tanto, precaliente el horno a 200 °C (400 °F) y espolvoree la bandeja del horno con un poco de harina. Derrita a fuego medio el resto de la mantequilla en un cazo.

4. Espolvoree el rodillo con harina y extienda la masa en una lámina de 5 mm (¼ in) de grosor. Con un cortapastas redondo de 8 cm (3¼ in) de diámetro, recórtela en 12 redondeles. Si fuera necesario, junte los recortes y trabaje la masa de nuevo. Pinte la parte central de una porción con mantequilla. Con un palillo o un lápiz enharinados, márquela con un hueco algo descentrado. Doble la masa hacia el hueco y pellizque los extremos juntos. Coloque el panecillo en la bandeja, tápelo con un paño y déjelo leudar mientras prepara el resto.

5. Pinte la parte superior de los panecillos con mantequilla y hornéelos de 12 a 15 minutos, o hasta que se doren y, al darles unos golpecitos en la base, suenen a hueco. Déjelos enfriar en una rejilla metálica.

Hojaldres de manzana

 8 UNIDADES   PREPARACIÓN: 40 minutos   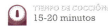 TIEMPO DE COCCIÓN: 15-20 minutos

| información nutricional por unidad | 326 kcal, 24 g grasas, 14 g grasas sat., 14 g azúcares, 0,3 g sal |

Rápidos y fáciles de hacer, estos hojaldres van muy bien para aprovechar una buena cosecha de manzanas.

INGREDIENTES

1 lámina de hojaldre comprado, descongelada si fuera necesario
harina, para espolvorear
leche, para glasear

relleno
2 manzanas grandes para asar, peladas, sin el corazón y troceadas
la ralladura de 1 limón (opcional)
1 pizca de clavo molido (opcional)
3 cucharadas de azúcar

azúcar a la naranja
1 cucharada de azúcar, para espolvorear
la ralladura fina de 1 naranja

crema de naranja
250 ml/1 taza de nata (crema) extragrasa
la ralladura de 1 naranja y el zumo (jugo) de ½ naranja
azúcar glas (impalpable), al gusto

1. Para preparar el relleno, si lo desea, mezcle la manzana con la ralladura de limón y el clavo, pero no añada aún el azúcar porque la manzana soltaría el jugo. Para preparar el azúcar a la naranja, mezcle el azúcar con la ralladura de naranja.

2. Precaliente el horno a 220 °C (425 °F). Extienda el hojaldre en la encimera espolvoreada con harina, en un rectángulo de 60 x 30 cm (24 x 12 in). Pártalo por la mitad a lo largo y luego en cuatro trozos a lo ancho, para obtener 8 cuadrados de 15 cm (6 in).

3. Añada el azúcar a la manzana. Pinte las porciones de hojaldre con un poco de leche y coloque una pequeña cantidad del relleno en el centro. Doble una de las esquinas hacia arriba en diagonal y júntela con la opuesta para formar un triángulo. Presione los bordes para sellarlos. Coloque el triángulo en la bandeja del horno. Repita la operación con los cuadrados restantes. Pinte los triángulos con un poco de leche y espolvoréelos con el azúcar a la naranja. Hornee los hojaldres de 15 a 20 minutos, o hasta que se doren. Déjelos enfriar en una rejilla metálica.

4. Para preparar la crema de naranja, bata la nata con la ralladura y el zumo de naranja hasta que se espese. Añada azúcar glas al gusto y siga batiendo hasta montar la nata. Sirva los hojaldres templados con la crema de naranja.

Pan de maíz

 PARA
1 pan

 PREPARACIÓN:
15 minutos

 TIEMPO DE COCCIÓN:
30-35 minutos

información nutricional por pan	3247 kcal, 171 g grasas, 89 g grasas sat., 19 g azúcares, 12,8 g sal

Con la harina de maíz, este pan que no precisa leudado adquiere un maravilloso color dorado y un sabor muy especial.

INGREDIENTES

aceite vegetal, para engrasar
175 g/1⅓ tazas de harina
1 cucharadita de sal
4 cucharaditas de levadura en polvo
1 cucharadita de azúcar
280 g/2 tazas de harina de maíz (elote, choclo)
115 g/1 barra de mantequilla con sal ablandada
4 huevos
250 ml/1 taza de leche
3 cucharadas de nata (crema) extragrasa

1. Precaliente el horno a 200 °C (400 °F). Unte con aceite un molde cuadrado de 20 cm (8 in) de lado.

2. Tamice en un bol la harina, la sal y la levadura. Añada el azúcar y la harina de maíz y remueva. Agregue la mantequilla, córtela con un cuchillo y después incorpórela con los dedos hasta que adquiera una textura parecida a la del pan rallado.

3. Bata un poco los huevos en un bol con la leche y la nata e incorpórelo a la pasta.

4. Vierta la pasta en el molde y alísela con una espátula. Cueza el pan en el horno precalentado de 30 a 35 minutos, o hasta que al pincharlo en el centro con un palillo, este salga limpio. Sáquelo del horno, déjelo enfriar de 5 a 10 minutos, córtelo en cuadrados y sírvalo templado.

2

3

4

Tarta de crema de coco

 6 RACIONES   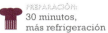 PREPARACIÓN: 30 minutos, más refrigeración    TIEMPO DE COCCIÓN: 16-18 minutos

información nutricional por ración	753 kcal, 62 g grasas, 37 g grasas sat., 12 g azúcares, 0,6 g sal

Una sencilla pero rica tarta rellena de una capa de crema de coco a la vainilla y cubierta de nata montada y coco tostado.

INGREDIENTES

1 lámina de masa quebrada, descongelada si fuera necesario
2 cucharadas de harina, y un poco más para espolvorear
2 huevos
55 g/¼ de taza de azúcar
1 cucharadita de esencia de vainilla
2 cucharadas de maicena
150 ml/⅔ de taza de leche
200 ml/1 taza de leche de coco
25 g/⅓ de taza de coco rallado
400 ml/1¾ tazas de nata (crema) extragrasa
2 cucharadas de coco rallado tostado, para adornar

1. Precaliente el horno a 200 °C (400 °F). Extienda la masa en la encimera espolvoreada con un poco de harina y forre con ella una fuente honda para tarta de 20-23 cm (8-9 in) de diámetro. Recorte la masa que sobre y pellizque el borde para sellarla. Pinche la base varias veces con un tenedor y refrigérela 15 minutos.

2. Cúbrala con papel vegetal y distribuya por encima unas bolitas de cerámica para repostería o unas legumbres secas. Cueza la base de la tarta en el horno precalentado 10 minutos. Retire las bolitas y el papel, y hornéela de 6 a 8 minutos más, o hasta que se dore. Deje que se enfríe.

3. Para preparar el relleno, bata los huevos con el azúcar y la vainilla en un bol. Diluya la harina y la maicena en 4 cucharadas (¼ de taza) de la leche en un cuenco y añádalo al bol. Caliente el resto de la leche con la leche de coco en una cazuela hasta que esté a punto de hervir y viértala sobre el relleno, sin dejar de remover. Devuélvalo todo a la cazuela y caliéntelo a fuego lento, batiendo hasta obtener una crema homogénea y espesa. Incorpore el coco. Tape el relleno con papel vegetal y deje que se enfríe.

4. Extienda la crema de coco sobre la base de la tarta. Monte la nata y repártala por encima. Adorne la tarta con el coco tostado y sírvala.

Índice analítico

almendras
  Cuadraditos de caramelo a la sal 92
  Cupcakes con frutos rojos escarchados 48
  Macarons de vainilla 72
  Pastel de fruta seca 14
  Pastelitos de zanahoria 30
arándanos
  Magdalenas de arándanos 58
  Magdalenas de frutos rojos 40
  Pastel de frutos rojos 20
avellanas
  Estrellas de canela 74
  Pastel crujiente de manzana 32
avena
  Barritas de avena con pasas 76
  Barritas de avena y albaricoque 90
  Galletas tradicionales de avena 82
azúcar
  azúcar a la naranja 120
  Galletas azucaradas 78

Barritas de avena con pasas 76
Barritas de avena y albaricoque 90
Barritas de chocolate blanco y negro con pacanas 70
base de galleta
  Tarta de lima 102
Bizcocho ligero con frutos rojos 28
bocaditos
  Bocaditos de doble chocolate 80
  Bocaditos de nubes y chocolate 94
brownies
  Brownies de chocolate a la canela 86

café
  Corona de café 26
  Cupcakes de tiramisú 56
  Pastel de café y nueces 12
  Pastel de chocolate blanco al café 24
calabaza
  Pastel de calabaza especiado 16
  Tarta de calabaza 106

canela
  Brownies de chocolate a la canela 86
  Caracolas de pasas y canela 116
  Estrellas de canela 74
  Magdalenas crujientes de manzana 64
  Magdalenas de manzana y canela 54
  Pastel crujiente de manzana 32
  Tarta de calabaza 106
  Tarta de lima 102
  Tarta de manzana 98
caramelo
  Cuadraditos de caramelo a la sal 92
  Galletas de toffee 84
caramelos gasificados
  Cupcakes con golosinas 60
cerezas
  Tarta enrejada de cereza 112
chocolate
  Barritas de chocolate blanco y negro con pacanas 70
  Bocaditos de doble chocolate 80
  Bocaditos de nubes y chocolate 94
  Brownies de chocolate a la canela 86
  Cuadraditos de caramelo a la sal 92
  Cupcakes con crema de chocolate 44
  Cupcakes de tiramisú 56
  Galletas con pepitas de chocolate 68
  Magdalenas con pepitas de chocolate 46
  Magdalenas de chocolate a la naranja 52
  Magdalenas de chocolate blanco y frambuesas 42
  Pastel de chocolate blanco al café 24
  Pastel de chocolate clásico 8
  Pastel de terciopelo con crema de queso 10
cobertura
  Cupcakes clásicos de vainilla 38
  Cupcakes colibrí 50
  Cupcakes con crema de chocolate 44

Cupcakes con frutos rojos escarchados 48
Cupcakes de tiramisú 56
Magdalenas de chocolate a la naranja 52
Pastel de café y nueces 12
Pastel de calabaza especiado 16
Pastel de chocolate blanco al café 24
Pastel de chocolate clásico 8
Pastel de coco 18
Pastel de frutos rojos 20
Pastel de terciopelo con crema de queso 10
Pastelitos de zanahoria 30
cocción en el horno 4
  secretos de éxito 4-5
coco
  Pastel de coco 18
  Tarta de crema de coco 124
confituras
  Pastel de fresas con nata 22
  Pastel de frutos rojos 20
crema de cacahuete
  Galletas de cacahuete 88
  Magdalenas de fudge y cacahuete 62
crema de mantequilla
  Cupcakes con golosinas 60
Cuadraditos de caramelo a la sal 92
cupcakes
  Cupcakes clásicos de vainilla 38
  Cupcakes colibrí 50
  Cupcakes con crema de chocolate 44
  Cupcakes con frutos rojos escarchados 48
  Cupcakes con golosinas 60
  Cupcakes de tiramisú 56
  Magdalenas crujientes de manzana 64
Cupcakes clásicos de vainilla 38
Cupcakes colibrí 50
Cupcakes con crema de chocolate 44

Cupcakes con frutos rojos
 escarchados 48
Cupcakes con golosinas 60
Cupcakes de tiramisú 56

dátiles
 Pastel de fruta seca 14

frambuesas
 Magdalenas de chocolate blanco
  y frambuesas 42
 Magdalenas de frutos rojos 40
 Pastel de frutos rojos 20
fresas
 Pastel de fresas con nata 22
 Pastel de frutos rojos 20
fruta seca
 Barritas de avena con pasas 76
 Caracolas de pasas y canela 116
 Pastel de calabaza especiado 16
 Pastel de fruta seca 14
 Pastelitos de zanahoria 30
frutos rojos
 Bizcocho ligero con frutos rojos 28
 Cupcakes con frutos rojos
  escarchados 48
 Magdalenas de frutos rojos 40
frutos secos
 Magdalenas de fudge y cacahuete 62

galletas
 Bocaditos de nubes y chocolate 94
 Estrellas de canela 74
 Galletas azucaradas 78
 Galletas con pepitas de chocolate 68
 Galletas de cacahuete 88
 Galletas de toffee 84
 Galletas tradicionales de avena 82

harina de maíz
 Pan de maíz 122
huevos
 Barritas de chocolate blanco
  y negro con pacanas 70
 Bizcocho ligero con frutos rojos 28
 Bocaditos de doble chocolate 80

Brownies de chocolate a la
 canela 86
Corona de pacanas y jarabe
 de arce 34
Cupcakes clásicos de vainilla 38
Cupcakes colibrí 50
Cupcakes con crema de
 chocolate 44
Cupcakes con frutos rojos
 escarchados 48
Cupcakes con golosinas 60
Cupcakes de tiramisú 56
Galletas con pepitas de
 chocolate 68
Macarons de vainilla 72
Magdalenas con pepitas
 de chocolate 46
Magdalenas crujientes de
 manzana 64
Magdalenas de arándanos 58
Magdalenas de chocolate a la
 naranja 52
Magdalenas de frutos rojos 40
Magdalenas de fudge
 y cacahuete 62
Magdalenas de manzana
 y canela 54
Pan de maíz 122
Pastel de chocolate blanco
 al café 24
Pastel de chocolate clásico 8
Pastel de coco 18
Pastel de fruta seca 14
Pastel de terciopelo con crema
 de queso 10
Pastelitos de zanahoria 30
Tarta de lima 102

jarabe
 Corona de café 26
jarabe de arce
 Corona de café 26
 Corona de pacanas y jarabe
  de arce 34
jengibre
 Tarta de calabaza 106

Tarta de manzana 98

leche condensada
 Cuadraditos de caramelo a la sal 92
 Tarta de lima 102
leche evaporada
 Tarta de calabaza 106
leudado
 Caracolas de pasas y canela 116
 Pan de cinco semillas 100
 Pan de molde 110
 Pan de molde integral 104
 Panecillos 118
limas
 Tarta de lima 102
limones
 Galletas azucaradas 78
 Magdalenas de arándanos 58
 Tarta de limón con merengue 108

Macarons de vainilla 72
magdalenas
 Magdalenas con pepitas de
  chocolate 46
 Magdalenas de arándanos 58
 Magdalenas de chocolate a
  la naranja 52
 Magdalenas de chocolate blanco
  y frambuesas 42
 Magdalenas de frutos rojos 40
 Magdalenas de fudge y cacahuete 62
 Magdalenas de manzana y canela 54
 Magdalenas de chocolate blanco
  y frambuesas 42
Magdalenas de fudge y cacahuete 62
mantequilla
 Corona de pacanas y jarabe de
  arce 34
 Cupcakes clásicos de vainilla 38
 Cupcakes con crema de
  chocolate 44
 Cupcakes con golosinas 60
 Galletas azucaradas 78
 Macarons de vainilla 72
 Magdalenas crujientes de
  manzana 64

Magdalenas de fudge y cacahuete 62
Pastel crujiente de manzana 32
manzanas
   Hojaldres de manzana 120
   Magdalenas crujientes de
     manzana 64
   Magdalenas de manzana
     y canela 54
   Pastel crujiente de manzana 32
   Tarta de manzana 98
mazapán
   Pastelitos de zanahoria 30
merengue
   Macarons de vainilla 72
   Magdalenas de chocolate blanco
     y frambuesas 42
   Tarta de limón con merengue 108
miel
   Barritas de avena y albaricoque 90
moras
   Barritas de chocolate blanco
     y negro con pacanas 70
   Magdalenas de frutos rojos 40
naranjas
   azúcar a la naranja 120
   Bocaditos de nubes y chocolate 94
   crema de naranja 120
   Magdalenas de chocolate a la
     naranja 52
   Pastel de calabaza especiado 16
   Pastel de fruta seca 14
nata
   Bocaditos de doble chocolate 80
   Corona de café 26
   Corona de pacanas y jarabe
     de arce 34
   crema de naranja 120
   Cupcakes clásicos de vainilla 38
   Cupcakes con crema de chocolate 44
   nata montada al brandy 106
   Pan de maíz 122
   Pastel de chocolate clásico 8
   Pastel de coco 18
   Pastel de fresas con nata 22
   Tarta de crema de coco 124

nata fresca espesa
   Pastel de chocolate blanco
     al café 24
   nata montada al brandy 106
nueces
   Pastel de café y nueces 12
nuez moscada
   Magdalenas crujientes de
     manzana 64
   nata montada al brandy 106
   Pastel crujiente de manzana 32

pacanas
   Barritas de chocolate blanco
     y negro con pacanas 70
   Brownies de chocolate a la canela 86
   Corona de pacanas y jarabe
     de arce 34
   Cupcakes colibrí 50
pan
   Pan de cinco semillas 100
   Pan de maíz 122
   Pan de masa madre 114
   Pan de molde 110
   Pan de molde integral 104
   Panecillos 118
pastas
   Caracolas de pasas y canela 116
   Hojaldres de manzana 120
   Pastel de calabaza especiado 16
   Pastel de chocolate blanco al café 24
   Pastel de chocolate clásico 8
   Pastel de frutos rojos 20
   Pastel de terciopelo con crema
     de queso 10
pasteles
   Bizcocho ligero con frutos rojos 28
   Corona de café 26
   Corona de pacanas y jarabe de
     arce 34
   Pastel crujiente de manzana 32
   Pastel de café y nueces 12
   Pastel de calabaza especiado 16
   Pastel de chocolate blanco al café 24
   Pastel de chocolate clásico 8
   Pastel de coco 18

Pastel de fresas con nata 22
Pastel de fruta seca 14
Pastel de frutos rojos 20
Pastel de terciopelo con crema
   de queso 10
Pastelitos de zanahoria 30
pastelitos
   Cuadraditos de caramelo
     a la sal 92
   Pastelitos de zanahoria 30
piña
   Cupcakes colibrí 50
plátanos
   Cupcakes colibrí 50
ron
   nata montada al brandy 106
semillas
   Barritas de avena y albaricoque 90
   Pan de cinco semillas 100
suero de leche
   Corona de café 26
   Magdalenas con pepitas
     de chocolate 46
   Pastel de terciopelo con crema
     de queso 10
Tarta de lima 102
Tarta enrejada de cereza 112
tartas
   Tarta de calabaza 106
   Tarta de crema de coco 124
   Tarta de lima 102
   Tarta de limón con merengue 108
   Tarta de manzana 98
   Tarta enrejada de cereza 112

vainilla
   Cupcakes clásicos de vainilla 38
   Galletas con pepitas de
     chocolate 68
   Macarons de vainilla 72
   Magdalenas con pepitas de
     chocolate 46
   Magdalenas de manzana y canela 54